厚大法考

2023年国家法律职业资格考试

主观题

带写带练·真题集萃·进阶案例

民法
沙盘推演
Civil Law

张 翔 ◎ 编著

厚大出品

中国政法大学出版社

登高山务攻绝顶　赏大雪莫畏严寒

2023厚大在线学习群专享

法考讯息速递　01
节点提醒，考情分析，关键信息整合

备考策略分享　02
备考方法，科目攻略，复习方案规划

专属内部资料　03
思维导图，阶段讲义，每日干货分享

专场直播分享　04
热点评析，干货讲座，资料直播解读

好课即速获取　05
超值课程，专属优惠，尽揽一手信息

扫码回复"学习群"
即可加入 ＿＿＿＿

代总序

做法治之光

——致亲爱的考生朋友

如果问哪个群体会真正认真地学习法律，我想答案可能是备战法考的考生。

当厚大的老总力邀我们全力投入法考的培训事业，他最打动我们的一句话就是：这是一个远比象牙塔更大的舞台，我们可以向那些真正愿意去学习法律的同学普及法治的观念。

应试化的法律教育当然要帮助同学们以最便捷的方式通过法考，但它同时也可以承载法治信念的传承。

一直以来，人们习惯将应试化教育和大学教育对立开来，认为前者不登大雅之堂，充满填鸭与铜臭。然而，没有应试的导向，很少有人能够真正自律到系统地学习法律。在许多大学校园，田园牧歌式的自由放任也许能够培养出少数的精英，但不少学生却是在游戏、逃课、昏睡中浪费生命。人类所有的成就靠的其实都是艰辛的训练；法治建设所需的人才必须接受应试的锤炼。

应试化教育并不希望培养出类拔萃的精英，我们只希望为法治建设输送合格的人才，提升所有愿意学习法律的同学整体性的法律知识水平，培育真正的法治情怀。

厚大教育在全行业中率先推出了免费视频的教育模式，让优质的教育从此可以遍及每一个有网络的地方，经济问题不会再成为学生享受这些教育资源的壁垒。

最好的东西其实都是免费的，阳光、空气、无私的爱，越是弥足珍贵，越是免费的。我们希望厚大的免费课堂能够提供最优质的法律教育，一如阳光遍洒四方，带给每一位同学以法律的温暖。

没有哪一种职业资格考试像法考一样，科目之多、强度之大令人咋舌，这也是为什么通过法律职业资格考试是每一个法律人的梦想。

法考之路，并不好走。有沮丧、有压力、有疲倦，但愿你能坚持。

坚持就是胜利，法律职业资格考试如此，法治道路更是如此。

当你成为法官、检察官、律师或者其他法律工作者，你一定会面对更多的挑战、更多的压力，但是我们请你持守当初的梦想，永远不要放弃。

人生短暂，不过区区三万多天。我们每天都在走向人生的终点，对于每个人而言，我们最宝贵的财富就是时间。

感谢所有参加法考的朋友，感谢你愿意用你宝贵的时间去助力中国的法治建设。

我们都在借来的时间中生活。无论你是基于何种目的参加法考，你都被一只无形的大手抛进了法治的熔炉，要成为中国法治建设的血液，要让这个国家在法治中走向复兴。

数以万计的法条，盈千累万的试题，反反复复的训练。我们相信，这种貌似枯燥机械的复习正是对你性格的锤炼，让你迎接法治使命中更大的挑战。

亲爱的朋友，愿你在考试的复习中能够加倍地细心。因为将来的法律生涯，需要你心思格外的缜密，你要在纷繁芜杂的证据中不断搜索，发现疑点，去制止冤案。

亲爱的朋友，愿你在考试的复习中懂得放弃。你不可能学会所有的知识，抓住大头即可。将来的法律生涯，同样需要你在坚持原则的前提下有所为、有所不为。

亲爱的朋友，愿你在考试的复习中沉着冷静。不要为难题乱了阵脚，实在不会，那就绕道而行。法律生涯，道阻且长，唯有怀抱从容淡定的心才能笑到最后。

法律职业资格考试不仅仅是一次考试,它更是你法律生涯的一次预表。

我们祝你顺利地通过考试。

不仅仅在考试中,也在今后的法治使命中——

不悲伤、不犹豫、不彷徨。

但求理解。

厚大®全体老师　谨识

目录

第一部分 ▶ 民法攻略 ······ 001

学科特点 ······ 001
    一、考点分布 ······ 001
    二、考情分析 ······ 002
    三、命题规律 ······ 003

思考方法 ······ 005
    一、阅读技巧 ······ 005
    二、答题思路 ······ 010

写作标准 ······ 013
    一、写作方法 ······ 013
    二、主观题作答的另外五种写法之点评 ······ 014

案例带写 ······ 016
    一、基础写法 ······ 016
    二、进阶案例 ······ 024

第二部分 ▶ 真题集萃 038

2022 年主观题回忆版 ·· 038

2021 年主观题回忆版（统考卷）······································ 050

2021 年主观题回忆版（延考卷）······································ 061

2020 年主观题回忆版 ·· 069

2019 年主观题回忆版 ·· 083

2018 年主观题回忆版 ·· 088

第三部分 ▶ 大综案例 100

案例一　银行借记卡案 ··· 100

案例二　借款转投资案 ··· 110

案例三　三方租赁合同案 ·· 120

案例四　《借款融资管理合同》案 ···································· 132

案例五　《船舶挂靠协议》案 ··· 145

案例六　《最高额担保合同》案 ······································ 157

民法攻略 第一部分

学科特点

一、考点分布

	2018 年	2019 年	2020 年	2021 年	2022 年
总　　则	涉及 3 问			涉及 5 问	涉及 1 问
物　　权					
债与合同	涉及 4 问	涉及 3 问	涉及 5 问	涉及 5 问	涉及 2 问
担　　保	涉及 1 问		涉及 4 问	涉及 1 问	涉及 2 问
人 格 权					
侵权责任				涉及 5 问	
婚　　姻		涉及 1 问			
继　　承					

进入法考以来，民法科目的主观题命题，从总体上讲，以债与合同部分作为主干，民法总则部分次之，担保部分与侵权责任部分再次之。

1. 在考频最高的债与合同部分中，法考考题所涉及的考点，包括合同的相对性（1次）、债权人的撤销权（4次）、多笔同种类债务的履行顺序（1次）、以物抵债（1次）、缔约过失责任（1次）、违约责任（1次）、买卖合同（1次）、赠与合同（1次）、租赁合同（3次）、建设工程合同（1次）、委托合同（2次）等。

2. 再就考频次高的民法总则部分而言，法考考题所涉及的考点，包括民事法律关系的分析（1次）、监护（3次）、法人（2次）、代理（2次）。

3. 就考频次于债与合同、民法总则的担保、侵权责任部分而言，法考在担保部分所涉及的考点，包括动产抵押（1次）、让与担保（2次）、共同担保（3次）；法考在侵权责任部分所涉及的考点，包括过错的认定（1次）、财产损害赔偿（1次）、共同侵权（1次）、监护人责任（1次）、物件致损（1次）。

二、考情分析

从上述考点与分值的分布情况可以看出民法主观题考试的基本情况。以下从三个方面进行总结：

1. 自司考时代便形成定式的、以债与合同部分为主干、民法总则次之的考点分布格局，在法考时代得以延续。尽管2021年延考题重点考查了监护与侵权这两部分，而对于债与合同的知识并未涉及，但2021年的统考题以及2022年的考题，又再次回归了原有格局。因此，这一格局并未发生根本变化。事实上，上述以债与合同部分为主干、民法总则次之的考点分布格局，是由民法主观题"法律实务能力考查"的目标所决定的。只有在民事交易中，民事法律关系的分析、民事法律规则的运用，才能够被充分地体现出来，而民事法律制度中与民事交易直接关联的，就是债与合同以及民法总则。

2. 自司考时代便形成的考点分散的特征，在法考时代同样得以延续。通过对从司考到法考这20余年的主观题考点分布的统计来看，只有"无权处分的债权合同有效"这个考点被6次重复考到，其他的考点重复出现的次数基本上均为2次或0次。在上述法考时代主观题所涉及考点分布中，2次或以上的统计也不过是以某一个由众多考点所组成的法律制度为尺度，而非以一个具体的考点为标准。事实上，进入法考时代以来已经历的5年考试，在主观题中尚未发生同一考点被重复考到的现象。毫无疑问，考点的分散性是由民法考点为数众多、而主观题考试容量极为有限的矛盾所决定的。

3. 与司考时代不同，进入法考时代以来，主观题与客观题考点范围的边界，有趋于模糊的倾向。进入法考时代以来，司考时代"卷四"（主观题）中从未涉及过的考点，如监护，在2021年法考主观题延考卷中被强力考查，这标志着诸如哪些是主观题与客观题的共同考点、哪些是纯属于客观题的考点、哪些是纯属于主观题的考点之类的判断，就民法领域而言，已经不再绝对。不仅如此，出现在客观题中的案情及其所对应的考点，在主观题中也同样出现。例如，偷偷将饭馆桌上的收费二维码更换成自己的收费二维码的案情、物业公司管理不到位与物业对于损害发生的过错之间辨析。

三、命题规律

观察法考时代的主观题考试的命题规律，可以看出，其具有如下三个方面的特征：

1. 尽管法考时代民法主观题考试的命题篇幅较之于司考时代的主观题明显加长，且对应的问题也明显增多，但是，法考时代民法主观题仍然继续采用司考时代所形成的"单元组合"的命题方法。这意味着，一个问题所对应的案情不过是整篇案情中的一小部分。如果按照这种对应关系将问题与对应的案情进行拆解，那么民法主观题将会变形为若干的"由三两句话组成的案情对应一个问题"的简单考法。看透了这一规律后，就会发现民法主观题考试的案情之所以会给人以浑然一体的感觉，不过是由于命题人将上述"若干单元"通过逻辑连接在了一起，如此而已。从命题技巧上讲，用以连接一篇案情各个单元的逻辑，要么递进，即"一波刚平，一波又起"；要么平铺，即"花开两朵、各表一枝"。例如，在"甲、乙订立买卖合同后，甲向乙交付货物的质量不符合约定。一周后，乙经甲同意，将价款债务转让给丙"的案情中，提出两个问题：①乙能否拒绝支付价款？②丙能否拒绝支付价款？第一个问题对应"甲、乙订立买卖合同后，甲向乙交付货物的质量不符合约定"之案情，构成第一个单元；第二个问题则在第一单元的基础上，逻辑延续至"1周后，乙经甲同意，将价款债务转让给丙"之案情，构成第二个单元。

2. 进入法考时代以来，民法主观题的命题更为注重对法律关系的分析，存在着考查的重心"由知识到分析"的偏移趋势。这意味着，较之于客观题，主观题"考点的难度"低于客观题，但"案情的难度"则高于客观题。就考点而言，法考时代的主观题完全达不到客观题那样的深入、细致，在"框架-细节"的考点结构中，主观题作答所需的考点知识，绝大多数情况下，仅停步于前者；就案情而言，主观题案情本来就较长，法律关系的推进"一波三折"，加之命题人对于案情的叙述，不时以考生相对陌生的"交易话语"来取代考生相对熟悉的"法律话语"，例如，"甲公司与乙公司约定，乙公司'购买'甲公司发行的债券，甲公司则应在1年内以更高的价格'回购'该债券"之表述；又如，"甲公司对乙公司的价金债务到期后，甲公司、乙公司约定，该笔价金不用偿还，用作'丙公司对甲公司债务的担保'"之表述。这种案情的表述方法，使得考生无法直接通过案情的表述来确定法律关系，而不得不对由"交易话语"所描述的交易关系，用民法规则加以比对、定性。

3. 进入法考时代以来，民法主观题命题呈现出与商法、民事诉讼法结合的命题特征。正是基于这一特征，法考主观题部分的民法题，被称作"民商、民诉综合题"。考生普遍对这种命题方法感到畏惧，其实大可不必。事实上，早在司考时代，主观题的命题便既有民法题，也有商法题和民诉法题，不过是在"大题"的尺度上，将这三部分"分别考查"而已。从上述"单元组合"的命题方法的视角观之，"民商、民诉综合"的考法，不过意味着组成同一道大题的各个单元，既有"民法的案情及其对应问题"之单元，也有"商法的案情及其对应问题"以及"民诉法的案情及其对应问题"之单元。倘若将各个单元进行拆分，从"单元"的尺度上看，法考的综合题，本质依然是将民法、商法和民诉法作"分别考查"，其所要求的，不过是考生对同一问题在民法、商法、民诉法之间转换视角而已。例如，在"A地的甲银行向B地的乙公司贷款，贷款到期未还。C地的丙公司法定代表人张某欲代表丙公司向甲银行提供保证，以担保乙公司债务的履行"的案情中，从民法的角度，可以问"丙公司是否应当承担担保责任"，考点是"公司为他人债务提供担保的效力"；从商法的角度，可以问"丙公司应如何作出同意担保的决议"，考点是"公司股东会召开和表决的程序"；从民诉法的角度，则可以问"如果丙公司股东会同意担保，甲银行应向哪一个法院、以谁为被告（第三人）提起诉讼"，考点是"案件的管辖与诉讼当事人"。由此可见，上述综合考查题，在被拆解后所形成的三个单元中，无论哪一个单元，均非难题，考生按照各学科的知识分别作答即可。

思考方法

一、阅读技巧

(一) 定位"问题"所对应的"案情"

既然民法主观题命题的基本方法是"单元组合",那么将通篇案情中与特定问题对应的部分找出来,无疑是主观题作答第一步所要完成的工作。定位的具体方法是:

1. 阅读第 1 问(而非首先阅读案情),在问题中找到定位所需的要素,包括时间、人物、事件。

2. 记住本题的定位要素后,从头阅读案情,直到案情中出现了第 1 问中的时间、人物、事件等定位要素。此时,继续阅读,将与此相关的案情读完。直至题干出现了与第 1 问无关的其他案情时,停止阅读,并在题干中打上记号,意思是"上一问阅读至此"。

3. 根据已经出现的案情,作答第 1 问。

4. 第 1 问作答完毕后,找出第 2 问的定位要素,从上一问的记号开始,继续阅读,重复上述步骤。从司考、法考的历年真题来看,题干中案情的推进顺序与问题的顺序,总体上是同步的。

兹举例如下:

[案情]

甲大学为非营利法人。甲大学为购买教学实验仪器,于 2020 年 3 月,与乙公司订立买卖合同,约定乙公司向甲大学出卖教学实验仪器,乙公司交货后,甲大学应当在 1 年内付清价款,在甲大学付清价款前,乙公司保留该实验仪器的所有权。①乙公司向甲大学交付该实验仪器后,甲大学于 2020 年 5 月与丙银行订立抵押合同,将实验仪器向丙银行抵押,以担保自己从丙银行的贷款。

[问题]

1. 2020 年 3 月,甲大学与乙公司订立的买卖合同效力如何?为什么?
2. 2020 年 5 月,甲大学与丙银行订立的抵押合同效力如何?为什么?
……

[做法]

第一,先看第 1 问,划出定位坐标。

第二，看案情，案情中的定位出现后，阅读完与对应问题相关的案情。案情从"乙公司向甲大学交付该实验仪器后"开始，已经与第 1 问无关，故第 1 问对应案情已经结束，在"乙公司保留该实验仪器的所有权"后面，做记号"①"。

第三，回答第 1 问。

第四，开始看第 2 问，划出定位坐标。从案情"①"处开始往下读，寻找第 2 问的定位坐标，重复操作。

（二）在草稿纸上画出法律关系图

定位"问题"所对应的"案情"后，必须在草稿纸上画出"案情"中法律关系图。民法主观题案情设计较为复杂，且前后"单元"之间可能在案情上有内在联系，这意味着仅靠头脑中的记忆，是无法梳理民法主观题题干所描绘的关系的。因此，"通过阅读案情画出法律关系图，再通过法律关系图来分析案情"便成为民法主观题考试必不可少的应试方法。法律关系图的要义，在于通过左右、上下、箭头指向、简单标注等方法，达到一眼看上去，当事人的关系及交易的内容一目了然的效果。

兹将一些基本的法律关系图的绘制方法，介绍如下：

1. 左右之分：其源在左，其流在右，中间加直线，简单注明交易关系。

[例 1] 甲银行借给乙公司 100 万元。

$$甲银行 \xrightarrow{\quad 借款 \quad} 乙公司$$

[例 2] 甲公司与乙公司订立买卖合同，约定甲公司以 100 万元的价格将机器设备出卖给乙公司。

$$甲公司 \xrightarrow{\quad 买卖 \quad} 乙公司$$

以此类推：

- 租赁关系：出租人在左，承租人在右。
- 建设工程关系：发包人在左，承包人在右。
- 委托关系：委托人在左，受托人在右。

……

2. 融资租赁、保理等三方法律关系中：

（1）直接的法律关系双方（出租人与承租人、债权人与保理人）分左右，第三方画在与之有直接法律关系的当事人正上方，用直线连接；

（2）直线上简单注明交易信息。

[例 1] 甲公司与乙公司订立融资租赁合同，约定乙公司为甲公司购买机器设备。

该合同订立后，乙公司遂与丙公司订立买卖合同，购买丙公司生产的机器设备，并支付价金。

```
           丙公司
             │
            买卖
             │
           乙公司 ———————— 甲公司
                   融资租赁
```

[例2] 甲公司与乙银行订立保理合同，约定甲公司将其对丙公司所享有的100万元应收账款债权保理给乙银行。

```
           丙公司
             │
           基础关系
             │
           甲公司 ———————— 乙银行
                    保理
```

3. 双务合同中，存在履行顺序的，以"债务"为基准，对当事人标示"①""②"。

[例] 2022年4月5日，甲公司与乙公司订立买卖合同，约定甲公司以100万元的价格将机器设备出卖给乙公司，甲公司应于2022年5月10日交货，乙公司应于2022年5月15日支付价款。

```
                买卖
    ①甲公司 ———————— ②乙公司
```

4. 合同订立后，发生债权转让、债务转让的：
（1）将受让人画在债权人、债务人下方，用箭头从转让人指向受让人；
（2）在箭头上简单标注"债权转让是否通知债务人""债务转让是否征得债权人的同意"；
（3）债权、债务均转让的，在箭头上用"①""②"简单标注转让的时间顺序。

[例] 2022年4月5日，甲公司与乙公司订立买卖合同，约定甲公司以100万元的价格将机器设备出卖给乙公司，甲公司应于2022年5月10日交货，乙公司应于2022年5月15日支付价款。合同订立后，乙公司经甲公司同意，将价金债务转让给丙公司。3天后，甲公司将价金债权转让给丁公司，但未通知丙公司。

```
                        买卖
    （先）甲公司 ———————— 乙公司（后）
          │                    │
    ②债权（未通知）        ①债务（同意）
          │                    │
        丁公司                丙公司
```

5. 对债的履行存在担保的：

（1）担保人标在"债权人"（而非"债务人"）一侧，用箭头从担保人指向债权人；

（2）存在多个担保人的，各担保人竖向排列，各自用箭头从担保人指向债权人；

（3）在箭头上简单注明担保性质、是否登记、是否交付等担保信息；

（4）在有保证的情况下，因事关"保证期间"的计算问题，故担保信息中要注明"债权到期日"。

[例] 2022 年 4 月 5 日，甲公司与乙公司订立买卖合同，约定甲公司以 100 万元的价格将机器设备出卖给乙公司，甲公司应于 2022 年 5 月 10 日交货，乙公司应于 2022 年 5 月 15 日支付价款。合同订立后，乙公司以机器设备设立抵押，但未办理抵押登记；丙公司提供保证，但未约定保证的方式与保证期间。

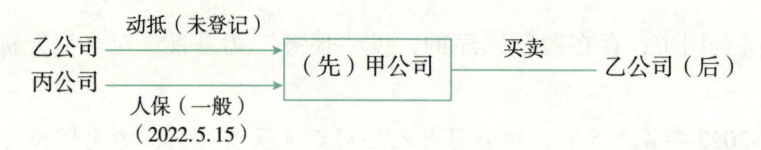

```
乙公司 ──动抵（未登记）──→ ┌─────────┐ ──买卖──→ 乙公司（后）
丙公司 ──人保（一般）────→ │（先）甲公司│
         （2022.5.15）    └─────────┘
```

6. 对于连续交易的案情，用序号"①""②"……标识交易时间顺序。

[例] 2022 年 4 月 5 日，甲公司与乙公司订立买卖合同，约定甲公司以 100 万元的价格将机器设备出卖给乙公司，甲公司应于 2022 年 5 月 10 日交货，乙公司应于 2022 年 5 月 15 日支付价款。合同订立后，乙公司以机器设备设立抵押，但未办理抵押登记；丙公司提供保证，但未约定保证的方式与保证期间。2022 年 4 月 15 日，乙公司经甲公司同意，将价金债务转让给丙公司。3 天后，甲公司将价金债权转让给丁公司，但未通知丙公司。

```
①乙公司 ──动抵（未登记）──→ ┌─────────┐ ──买卖──→ 乙公司（后）
①丙公司 ──人保（一般）────→ │（先）甲公司│
         （2022.5.15）    └────┬────┘
                    ③债权（未通知）│ ②债务（同意）
                         ↓              ↓
                        丁公司           丙公司
```

7. 一组当事人在两个法律关系中互享债权、互负债务的：

（1）用箭头从债权人指向债务人，以标示债权人、债务人的身份；

（2）因可能事关抵销权的成立条件（债权到期者享有抵销权），故在债权人处注明各自"债权"（而非"债务"）的到期时间。

[例] 甲借给乙 80 万元，约定乙应于 2022 年 7 月 15 日还款。乙将房屋出卖给

甲，约定甲应于 2022 年 10 月 20 日支付价款 100 万元。

```
              (2022.10.20)
        甲 ←──────────→ 乙
     (2022.7.15)
```

一组当事人就同一标的连续交易的，也按照上述方式绘制。

[例] 甲将房屋出卖给乙，为乙办理过户登记后，乙将该房屋出租给甲。

```
           (②租赁)
      甲 ←──────→ 乙
           (①买卖)
```

8. 在亲属关系中：

（1）不同辈分的当事人纵向画，相同辈分的当事人横向画。

（2）父母与子女间，用直线连接；夫妻之间，用直线连接。子女画在父母的下方。

（3）存在特殊关系的，用箭头连接，并简单标示。

（4）出现先后死亡案情的，用斜线标示死亡事实，并用"①""②"标示死亡的时间顺序。

[例] 王成、刘兰婚后，生子王小成、王小兰。王小兰与郭达婚后，生子郭小达。郭达与前妻生子郭大达。王小兰遇车祸死亡后，王成也因伤心过度死亡。随后，郭达照顾刘兰的生活。

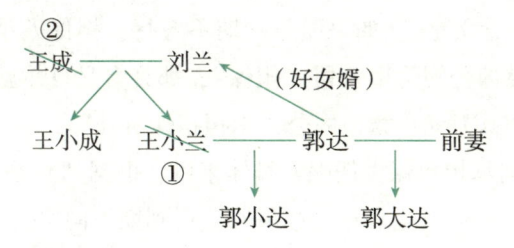

```
        ②
     王成 ──── 刘兰 ←────(好女婿)
      │  ╲    │
      ↓    ↓   ↓
     王小成  王小兰 ──── 郭达 ──── 前妻
              ①         │          │
                        ↓          ↓
                       郭小达      郭大达
```

9. 案情中所描述的法律关系并不清晰的，画出题目所给定的交易关系，为下一步对交易关系的法律分析奠定事实基础。

[例] 甲公司与乙公司订立买卖合同，约定甲公司将机器设备出卖给乙公司，乙公司应支付价款 100 万元。丙公司从乙公司处借款 70 万元已经到期。丙公司与甲公司订立合同约定，丙公司将其对乙公司所负的借款债务向甲公司担保。

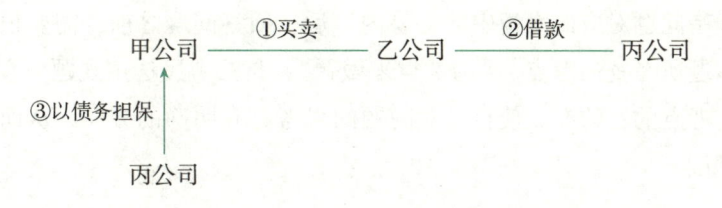

```
              ①买卖           ②借款
     甲公司 ────────── 乙公司 ────────── 丙公司
       ↑
       │ ③以债务担保
       │
     丙公司
```

二、答题思路

(一) 理解交易的内容

通过画法律关系图，在搞明白当事人进行了何种交易的基础上，对该交易的内容进行分析，进一步理解交易的来龙去脉。在有些考题中，交易的来龙去脉一目了然，这一步骤可以省略。但是还有一些考题，案情中仅对交易的内容做概括阐述，那么此时便需要考生去"脑补"该交易的具体内涵。

[例] 甲公司与乙公司订立买卖合同，约定甲公司将机器设备出卖给乙公司，乙公司支付价款100万元。丙公司从乙公司处借款70万元已经到期。丙公司与甲公司订立合同约定，丙公司将其对乙公司所负的借款债务向甲公司担保。

```
甲公司 ——①买卖—— 乙公司 ——②借款—— 丙公司
  ↑
③以债务担保
  |
丙公司
```

1. 需要理解的交易内容

在上例的案情中，需要理解的交易内容——"丙公司将其对乙公司所负的借款债务向甲公司担保"是什么意思？这是如何担保的？

2. 对交易内容的理解

（1）"担保"的含义是，"如果债务到期不履行，担保人承担担保责任"。由此观之，本题中，既然丙公司为甲公司"担保"，那么含义自然就是，"如果乙公司到期不向甲公司支付100万元价款，丙公司承担担保责任"。

（2）丙公司如何承担担保责任呢？具体来讲，根据"丙公司将其对乙公司所负的借款债务向甲公司担保"之表述，如果乙公司到期不向甲公司支付100万元价款，丙公司如何以其对乙公司的"债务"向甲公司承担担保责任呢？问题聚焦到这一步，答案已经呼之欲出。既然债务意味着"履行"，那么丙公司"以债务向甲公司担保"便意味着丙公司"向甲公司履行债务"。因此，此处的交易内容就是"如果乙公司不向甲公司支付价款，丙公司便以其所欠乙公司的借款向甲公司履行"。

(二) 明确问题的指向，确定、回忆考点

在搞清楚问题对应的案情中的交易内容后、回答问题之前，需要根据案情及问题，确定本题所考查的考点。"用考点来做题"，是法考民法主观题、客观题的共同要求。确定考点的目的在于使自己对问题的思考具有明确的方向，从而为正确回答问题奠定基础。

[例] 甲公司与乙公司订立买卖合同，约定甲公司将机器设备出卖给乙公司，乙公司支付价款 100 万元。丙公司从乙公司处借款 70 万元已经到期。丙公司与甲公司订立合同约定，丙公司将其对乙公司所负的借款债务向甲公司担保。现乙公司到期未向甲公司支付价款。

```
                    ①买卖           ②借款
             甲公司 ————— 乙公司 ————— 丙公司
               ↑
         ③以债务担保
               │
             丙公司
```

问题：
1. 甲、丙公司达成协议后，乙公司是否有权请求丙公司偿还借款？为什么？
2. 甲、丙公司达成协议后，丙公司是否应当承担担保责任？为什么？
3. 甲、丙公司达成协议后，甲公司是否有权请求丙公司偿还借款？为什么？

我们来根据上述问题确定考点。

第 1 个问题： 甲、丙公司达成协议后，乙公司是否有权请求丙公司偿还借款？为什么？

（1）本题是针对丙公司与甲公司所达成的"若乙公司到期不履行债务，丙公司以其对乙公司的债务，向甲公司履行"的约定，问题的指向是：在甲、丙公司达成此项约定后，丙公司对乙公司的债务是否归于消灭？

（2）由此问题的指向，便可以确定本题的考点为"债务消灭的原因"。进而，由所学的考点知识可知，债务消灭的原因包括履行、提存、抵销、混同、免除等，"以债务担保的允诺"并不包括在内。

（3）由此所得出的结论就是，在丙公司与甲公司达成"以债务担保"的约定后，纵然乙公司到期未向甲公司履行债务，丙公司对乙公司的债务仍然存在。因此，乙公司有权请求丙公司偿还借款。

第 2 个问题： 甲、丙公司达成协议后，丙公司是否应当承担担保责任？为什么？

（1）本题也是针对丙公司与甲公司所达成的"若乙公司到期不履行债务，丙公司以其对乙公司的债务，向甲公司履行"的约定，问题的指向是：在甲、丙公司达成此项约定后，丙公司是否承担担保责任？

（2）在本题中，因丙公司对甲公司所提供的"担保"并不涉及丙公司的特定财产，即不涉及物保，故将"担保"的形式锁定为保证（人保），于是问题的指向具体为：丙公司是否根据债务担保的约定，成为保证人？

（3）进而，因只有在第三人作出"保证允诺"的情况下，其才具有保证人的地位，于是问题的指向进一步具体地变为：丙公司以债务担保的意思表示中，是否包含了保证允诺？

（4）由此，本题的考点得以确定，即考的是"保证允诺"。

第一，由考点知识可知，"保证允诺"的作出方式有二：①表明身份；②表明责任。就后者而言，丙公司向甲公司所作出的"若乙公司不向甲公司履行债务，丙公司以对乙公司欠付债务履行"的意思表示，包含了"若乙公司不向甲公司履行债务，则丙公司履行"的保证允诺。

第二，丙公司向甲公司所作出的"以债务担保"的意思表示，未表明保证责任的承担方式，故为一般保证。

第三，丙公司向甲公司所作出的"以债务担保"的意思表示，同时蕴含了"以对乙公司的债务额为限，承担保证责任"的意思表示，故构成限额保证。

（5）因此，丙公司应当在70万元的范围内，承担一般保证责任。

第3个问题：甲、丙公司达成协议后，甲公司是否有权请求丙公司偿还借款？为什么？

（1）本题的指向是"甲公司能否直接请求丙公司向自己履行丙公司对乙公司的债务"。

（2）由本题中甲公司、乙公司、丙公司之间"债权人、债务人、次债务人"的关系，可以很容易地判断出，本题的考点在于"债权人代位权的成立条件"。由考点知识可知，代位权的成立条件包括两个债权均已到期、债务人怠于向次债务人行使债权（未诉讼、仲裁）、有损债权（推定性要件）。

（3）由此可知，甲公司可向丙公司主张代位权，即甲公司有权请求丙公司偿还借款。

写作标准

一、写作方法

法考民法主观题考试的设问,一般采取"判断+理由"的两步问法。

第一步的"判断"针对问题中"能否""是否有权""是否应当"之类的问法。在上述思考方法的引领下,得到正确答案后,作答必须简练,一目了然,避免使判断的核心词淹没在句子之中。

第二步的"理由"针对问题中"为什么"的部分。对于"理由"的阐述方法是:

1. 基本结构

采用"因果关系"句式,即用"依据(因为)……结论(所以)……"造句。

[例] 甲公司与乙公司订立买卖合同,约定甲公司以 100 万元的价格向乙公司出卖机器设备,甲公司交货后 3 日内,乙公司付款。合同订立后,甲公司向乙公司交付了机器设备,但该设备不符合约定型号。3 日后,乙公司拒绝付款。

$$(先)甲公司 \xrightarrow{买卖} 乙公司(后)$$

问题:乙公司能否拒绝付款?为什么?

回答:能。因为(写依据)甲公司、乙公司之间的买卖合同为双务合同,先履行债务的甲公司交付机器设备的型号不符合约定,所以(写结论)后履行债务的乙公司享有先履行抗辩权。

2. "依据(因为)"部分的写法

(1) 确定法律构成;

(2) 以案情来阐述法律构成;

(3) 因评卷方式为"采点给分",故法律构成中存在"关键词"的,"关键词"要出现。

3. "结论(所以)"部分的写法

(1) 确定法律结论;

(2) 以案情来阐释法律结论;

(3) "结论"中存在"关键词"的,"关键词"要出现。

[例] 上例中——

	依据（因为）	结论（所以）
法律构成/结论	双务合同中，先履行方债务履行不正确	后履行方享有先履行抗辩权
以案情阐述	甲公司、乙公司之间的买卖合同为双务合同，先履行债务的甲公司交付机器设备的型号不符合约定	后履行债务的乙公司享有先履行抗辩权
"装配"——	因为甲公司、乙公司之间的买卖合同为双务合同，先履行债务的甲公司交付机器设备的型号不符合约定，所以后履行债务的乙公司享有先履行抗辩权	

二、主观题作答的另外五种写法之点评

[例] 甲公司与乙公司订立买卖合同，约定甲公司以100万元的价格向乙公司出卖机器设备。甲公司交货后3日内，乙公司付款。合同订立后，甲公司向乙公司交付了机器设备，但该设备不符合约定型号。3日后，乙公司拒绝付款。

（先）甲公司 ——买卖—— 乙公司（后）

问题：乙公司能否拒绝付款？为什么？

标准答案和分值分配：

能。（3分）因为甲公司、乙公司之间的买卖合同为双务合同（1分），先履行债务的甲公司（1分）交付机器设备的型号不符合约定，所以后履行债务的乙公司（1分）享有先履行抗辩权。（4分）

另外五种写法及点评：

1. 第一种写法

能。（3分）因为乙公司享有先履行抗辩权。（4分）

[点评] 只有结论，没有结论的依据。犹如数学题，只有答案，没有推导的过程。

2. 第二种写法

能。（3分）因为甲公司、乙公司之间的买卖合同为双务合同（1分），先履行债务的甲公司（1分）交付机器设备的型号不符合约定。

[点评] 只有依据，没有结论。犹如数学题，只有推导过程，没有答案。

3. 第三种写法

能。（3分）因为双务合同（1分）的先履行方（1分）未正确履行，后履行方（1分）享有先履行抗辩权（4分）。（未结合案情，-2分）

[点评] 虽有依据，但依据未与案情结合，看不出法律规则是如何适用于案情

的。犹如数学题，只有公式，没有代入变量。

4. 第四种写法

能。(3分) 因为双务合同（1分）的先履行方（1分）未正确履行，后履行方（1分）享有先履行抗辩权（4分）。本案中，因为甲公司、乙公司之间的买卖合同为双务合同（重复），先履行债务的甲公司（重复）交付机器设备的型号不符合约定，故后履行债务的乙公司（重复）享有先履行抗辩权（重复）。

［点评］标准的三段论结构，逻辑严密。但"大前提""小前提"中的"关键词"两次重复，作答繁琐，工作量增大，得10分。

5. 第五种写法

能。因为在买卖关系里面，甲公司是用货物换取乙公司的价款啊，你甲公司的货没有交对，人家乙公司当然可以不交钱啦。

［点评］意思完全说到，但未出现关键词。在"采点给分"的阅卷方式下，给多少分，由阅卷人主观裁量，得6~8分。

案例带写

一、基础写法

案情：

2020年2月5日，甲公司与乙公司订立买卖合同，约定：甲公司将机器设备A出卖给乙公司，甲公司于2020年2月20日向乙公司交付，乙公司于2020年5月25日支付价款100万元。合同订立后，2020年2月19日，甲公司接到乙公司函件称：机器设备A的市场价格下跌，乙公司于2020年5月25日将只向甲公司支付价款90万元。至2020年2月20日，甲公司并未交付机器设备A，并向乙公司发出函件，拒绝乙公司只支付90万元的主张。2020年3月30日，甲公司出卖给宋大江一台价值200万元的机器设备B，交货日届至，宋大江发函给甲公司称：甲公司无需交货，以该机器设备用作乙公司债务履行的担保。甲公司看到该函件后未置可否，且未如约向宋大江交付机器设备B。2020年4月15日，经甲公司同意，乙公司将其债务转让给丙公司，但宋大江对此并不知情。及至2020年5月25日，丙公司未向甲公司支付价款。

问题：

1. 2020年2月19日，乙公司函件中的主张是否于法有据？为什么？
2. 2020年2月20日，甲公司未按照合同约定的时间交付机器设备A，其是否应当承担违约责任？为什么？
3. 2020年3月30日，甲公司收到宋大江的函件后，机器设备B的所有权归属于谁？为什么？
4. 2020年3月30日，甲公司收到宋大江的函件后，是否应当向乙公司交付机器设备A？为什么？
5. 2020年5月25日，甲公司可否行使机器设备B上的担保物权？为什么？

问答

[第1问] 2020年2月19日，乙公司在函件中的主张是否于法有据？为什么？

第一步：定位题干中的对应案情

1. 本题的定位要素是：①2020年2月19日；②乙公司；③函件。

2. 从头阅读题干，寻找定位要素。

3. 定位后，标记之。

2020年2月5日，甲公司与乙公司订立买卖合同，约定：甲公司将机器设备A出卖给乙公司，甲公司于2020年2月20日向乙公司交付，乙公司于2020年5月25日支付价款100万元。合同订立后，2020年2月19日，甲公司接到乙公司函件称：机器设备A的市场价格下跌，乙公司于2020年5月25日将只向甲公司支付价款90万元。①至2020年2月20日，甲公司并未交付机器设备A，并向乙公司发出函件，拒绝乙公司只支付90万元的主张。2020年3月30日，甲公司出卖给宋大江一台价值200万元的机器设备B，交货日届至，宋大江发函给甲公司称：甲公司无需交货，以该机器设备用作乙公司债务履行的担保。甲公司看到该函件后未置可否，且未如约向宋大江交付机器设备B。2020年4月15日，经甲公司同意，乙公司将其债务转让给丙公司，但宋大江对此并不知情。及至2020年5月25日，丙公司未向甲公司支付价款。

第二步：就对应的案情画法律关系图

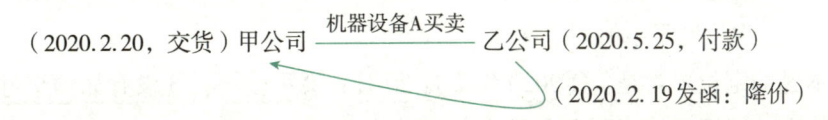

（2020.2.20，交货）甲公司 ——机器设备A买卖—— 乙公司（2020.5.25，付款）
（2020.2.19发函：降价）

第三步：理解案情、确定问题的指向

1. 理解案情

（1）甲公司、乙公司订立买卖合同时，机器设备A价值100万元，所以合同约定的价格为100万元。

（2）到了交货日前夕，机器设备A的市场价格下跌为90万元。乙公司觉得自己亏了，于是致函甲公司，表示要按照90万元确定买卖合同的价格。

2. 确定问题的指向

乙公司能否以"市场价格下跌"为由，主张变更合同内容？

第四步：确定考点

1. 考点确定

本题的考点是"情势变更"与"市场风险"的区别。

2. 考点内容

情势变更与市场风险的区别是：合同订立后外部环境的变化，是否为合同订立时当事人能够预见。其中，"能否预见"的重要标志是外部环境的变化是否"重大"，以及变化原因是否具有突发性。

第五步：作出判断

1. 本题中，"市场价格下跌"之表述，属于对正常市场波动的描述。

2. 100万元到90万元的跌幅，不能构成"重大变化"。

3. 题干中也未出现"突发事件引起变化"的描述。

综上，本题中的"市场价格下跌"，性质为"市场风险"。这意味着，乙公司不得据此变更或解除合同。

第六步：问题作答

1. 给出判断

回答：否。

2. 说明理由

回答：否。因为本案中的价格下跌，为甲、乙公司订立合同时可以预见，属于正常风险，而非情势变更，所以乙公司无权主张变更合同价格。

[第2问] 2020年2月20日，甲公司未按照合同约定的时间交付机器设备A，其是否应当承担违约责任？为什么？

第一步：定位题干中的对应案情

1. 本题的定位要素是：①2020年2月20日；②甲公司；③没有如约交付。

2. 从上一标记开始读题干，寻找定位要素。

3. 定位后，标记之。

2020年2月5日，甲公司与乙公司订立买卖合同，约定：甲公司将机器设备A出卖给乙公司，甲公司于2020年2月20日向乙公司交付，乙公司于2020年5月25日支付价款100万元。合同订立后，2020年2月19日，甲公司接到乙公司函件称：机器设备A的市场价格下跌，乙公司于2020年5月25日将只向甲公司支付价款90万元。①至2020年2月20日，甲公司并未交付机器设备A，并向乙公司发出函件，拒绝乙公司只支付90万元的主张。②2020年3月30日，甲公司出卖给宋大江一台价值200万元的机器设备B，交货日届至，宋大江发函给甲公司称：甲公司无需交货，以该机器设备用作乙公司债务履行的担保。甲公司看到该函件后未置可否，且未如约向宋大江交付机器设备B。2020年4月15日，经甲公司同意，乙公司将其债务转让给丙公司，但宋大江对此并不知情。及至2020年5月25日，丙公司未向甲公司支付价款。

第二步：就对应的案情画法律关系图

（2020.2.20，交货）甲公司 ——机器设备A买卖—— 乙公司（2020.5.25，付款）

②（2020.2.20，未交货）　　　　　　①（2020.2.19发函：降价）

第三步：理解案情、确定问题的指向

1. 理解案情

甲公司在交付机器设备 A 的前一天，收到乙公司要求降价的信函，于是担心自己交货后，乙公司到时候不按照合同约定的价格付款，故没有在 2020 年 2 月 20 日交货。同时，甲公司还致函乙公司，表示不同意降价。

2. 确定问题的指向

甲公司能否因"担心乙公司到时不按照合同的约定付款"，而在交货日拒绝交货？

第四步：确定考点

1. 考点确定

这一问的考点是"不安抗辩权"和"违约责任的概念"。

2. 考点内容

（1）双务合同中的后履行方有可能不履行其未来到期的债务的，先履行方可基于不安抗辩权，不履行现已到期的债务；

（2）债务人基于抗辩权而未履行债务的，不构成违约，不承担违约责任。

第五步：作出判断

本题中，甲公司可基于不安抗辩权，在 2020 年 2 月 20 日不向乙公司交付机器设备 A，且不构成违约。

第六步：问题作答

1. 给出判断

回答：否。

2. 说明理由

回答：否。因为甲、乙公司的买卖合同为双务合同，后履行方乙公司有可能于将来不按照合同履行价金债务，所以先履行方甲公司可基于不安抗辩权不交付机器设备 A。又因为甲公司基于抗辩权而不履行，所以甲公司不构成违约。

[第 3 问] 2020 年 3 月 30 日，甲公司收到宋大江的函件后，机器设备 B 的所有权归属于谁？为什么？

第一步：定位题干中的对应案情

1. 本题的定位要素是：①2020 年 3 月 30 日；②甲公司；③宋大江；④函件。

2. 从上一标记开始读题干，寻找定位要素。

3. 定位后，标记之。

2020 年 2 月 5 日，甲公司与乙公司订立买卖合同，约定：甲公司将机器设备 A

出卖给乙公司，甲公司于 2020 年 2 月 20 日向乙公司交付，乙公司于 2020 年 5 月 25 日支付价款 100 万元。合同订立后，2020 年 2 月 19 日，甲公司接到乙公司函件称：机器设备 A 的市场价格下跌，乙公司于 2020 年 5 月 25 日将只向甲公司支付价款 90 万元。①至 2020 年 2 月 20 日，甲公司并未交付机器设备 A，并向乙公司发出函件，拒绝乙公司只支付 90 万元的主张。②2020 年 3 月 30 日，甲公司出卖给宋大江一台价值 200 万元的机器设备 B，交货日届至，宋大江发函给甲公司称：甲公司无需交货，以该机器设备用作乙公司债务履行的担保。甲公司看到该函件后未置可否，且未如约向宋大江交付机器设备 B。③2020 年 4 月 15 日，经甲公司同意，乙公司将其债务转让给丙公司，但宋大江对此并不知情。及至 2020 年 5 月 25 日，丙公司未向甲公司支付价款。

第二步：就对应的案情画法律关系图

③（2020.3.30，机器设备B，买卖转担保）

宋大江 ——→（2020.2.20）甲公司 ——机器设备A买卖—— 乙公司（2020.5.25）
②（2020.2.20，未交货）　　　　　　　　①（2020.2.19发函：降价）

第三步：理解案情、确定问题的指向

1. 理解案情

（1）根据甲公司与宋大江之间的买卖合同，甲公司应当向宋大江交付机器设备 B。

（2）宋大江函件中"无需交货、用作担保"的意思是："既然你交付给我，我再担保给你，东西还是在你那里，不如就直接放到你那里，用作担保吧。担保乙公司对甲公司的价金债务。"

2. 确定问题的指向

宋大江给甲公司发出的函件能否引起机器设备 B 所有权的转移？

（1）题干中"宋大江的发函"和"甲公司未如约向宋大江交付机器设备 B"的案情，其实与"甲公司将机器设备 B 现实交付予宋大江，使宋大江取得所有权后，宋大江又将其现实交付予甲公司用作担保"的效果，并无二致；

（2）那么，"权当基于买卖关系，你现实交付给我后，我又基于其他法律关系，现实交付给了你，但实际上，你对动产的直接占有并未发生任何改变"的案情，在民法上，叫作什么？

第四步：确定考点

1. 考点确定

本题的考点是"占有改定"。

2. 考点内容

占有改定，是指出卖人继续保留动产的直接占有，但将动产所有权转移给买受人的，动产所有权发生转移。

第五步：作出判断

本题中，宋大江向甲公司发出的函件，以及甲公司对该函件的配合，构成占有改定。机器设备 B 的所有权已经转移给宋大江。

第六步：问题作答

1. 给出判断

回答：宋大江。

2. 说明理由

回答：宋大江。因为宋大江向甲公司发出的函件，以及甲公司按照函件内容所做的配合，构成了占有改定，所以机器设备 B 的所有权已经转移给宋大江。

[第 4 问] 2020 年 3 月 30 日，甲公司收到宋大江的函件后，是否应当向乙公司交付机器设备 A？为什么？

第一步：定位题干中的对应案情

1. 本题的定位要素是：①2020 年 3 月 30 日；②甲公司；③宋大江；④函件。

2. 可见，本题所对应的题干中的案情，与第 3 问相同，故属于就同一案情的第二次设问。

2020 年 2 月 5 日，甲公司与乙公司订立买卖合同，约定：甲公司将机器设备 A 出卖给乙公司，甲公司于 2020 年 2 月 20 日向乙公司交付，乙公司于 2020 年 5 月 25 日支付价款 100 万元。合同订立后，2020 年 2 月 19 日，甲公司接到乙公司函件称：机器设备 A 的市场价格下跌，乙公司于 2020 年 5 月 25 日将只向甲公司支付价款 90 万元。①至 2020 年 2 月 20 日，甲公司并未交付机器设备 A，并向乙公司发出函件，拒绝乙公司只支付 90 万元的主张。②2020 年 3 月 30 日，甲公司出卖给宋大江一台价值 200 万元的机器设备 B，交货日届至，宋大江发函给甲公司称：甲公司无需交货，以该机器设备用作乙公司债务履行的担保。甲公司看到该函件后未置可否，且未如约向宋大江交付机器设备 B。③④2020 年 4 月 15 日，经甲公司同意，乙公司将其债务转让给丙公司，但宋大江对此并不知情。及至 2020 年 5 月 25 日，丙公司未向甲公司支付价款。

第二步：就对应的案情画法律关系图

本题中，并无新的案情变化，故继续使用上一题的法律关系图。

③（2020.3.30，机器
设备B，买卖转担保）
　　　　　　　　　　　　　　　　　　机器设备A买卖
宋大江────→（2020.2.20）甲公司─────────────乙公司（2020.5.25）
　　　　　②（2020.2.20，未交货）↑　　　　　①（2020.2.19发函：降价）

第三步：理解案情、确定问题的指向

1. 理解案情

本题中，并无新的案情变化，故继续按照上一题的案情理解，即甲公司接受了宋大江"以买卖物转担保物"的建议。

2. 确定问题的指向

（1）甲公司原本基于不安抗辩权拒绝向乙公司交付机器设备A，但现在收到了宋大江"以买卖物转担保物"的函件后，导致甲公司不安的事由可不可以消除？

（2）如果甲公司因宋大江的函件可以取得机器设备B上的担保权，其针对乙公司的不安事由就可以消除，甲公司就应恢复履行机器设备A的交付义务。那么，甲公司能取得机器设备B上的担保物权吗？

（3）宋大江向甲公司所提供的担保是以"动产"为标的，以"由甲公司占有"为特征。故可确定宋大江所说的"担保"是指"动产质押"。于是，问题进一步具体化为，甲公司可以取得机器设备B上的动产质权吗？

第四步：确定考点

1. 考点确定

本题的考点是"动产质权的设立"。

2. 考点内容

（1）动产质权的成立要件有二：①出质人与债权人订立书面的质押合同；②交付质物。

（2）质押合同作为一种担保合同，可以通过"担保函"的方式订立，即担保人向债权人出具愿意对其债权提供担保的函件的，该函件即可构成书面的担保合同。

（3）质物的交付，可以采取简易交付的方式，即债权人先行占有质物的，只需书面的质押合同成立，动产质权即可设立。

第五步：作出判断

1. 本题中，宋大江给甲公司的函件为担保函，动产质押合同成立。甲公司先行占有机器设备B，故简易交付完成。甲公司对机器设备B享有动产质权。

2. 机器设备B价值200万元，甲公司对乙公司的债权为100万元，动产质押担保充分，甲公司针对乙公司的不安事由消除，甲公司应当恢复机器设备A交货义务的履行。

第六步：问题作答

1. 给出判断

回答：是。

2. 说明理由

回答：是。因为宋大江给甲公司的函件为担保函，构成质押合同，且宋大江通过简易交付的方式将机器设备 B 交付给甲公司，甲公司的动产质权成立，所以甲公司不再享有不安抗辩权，应当履行交付机器设备 A 的义务。

[第 5 问] 2020 年 5 月 25 日，甲公司可否行使机器设备 B 上的担保物权？为什么？

第一步：定位题干中的对应案情

1. 本题的定位要素是：①2020 年 5 月 25 日；②甲公司。

2. 从上一标记开始读题干，寻找定位要素。

3. 定位后，标记之。

2020 年 2 月 5 日，甲公司与乙公司订立买卖合同，约定：甲公司将机器设备 A 出卖给乙公司，甲公司于 2020 年 2 月 20 日向乙公司交付，乙公司于 2020 年 5 月 25 日支付价款 100 万元。合同订立后，2020 年 2 月 19 日，甲公司接到乙公司函件称：机器设备 A 的市场价格下跌，乙公司于 2020 年 5 月 25 日将只向甲公司支付价款 90 万元。①至 2020 年 2 月 20 日，甲公司并未交付机器设备 A，并向乙公司发出函件，拒绝乙公司只支付 90 万元的主张。②2020 年 3 月 30 日，甲公司出卖给宋大江一台价值 200 万元的机器设备 B，交货日届至，宋大江发函给甲公司称：甲公司无需交货，以该机器设备用作乙公司债务履行的担保。甲公司看到该函件后未置可否，且未如约向宋大江交付机器设备 B。③④2020 年 4 月 15 日，经甲公司同意，乙公司将其债务转让给丙公司，但宋大江对此并不知情。及至 2020 年 5 月 25 日，丙公司未向甲公司支付价款。⑤

第二步：就对应的案情画法律关系图

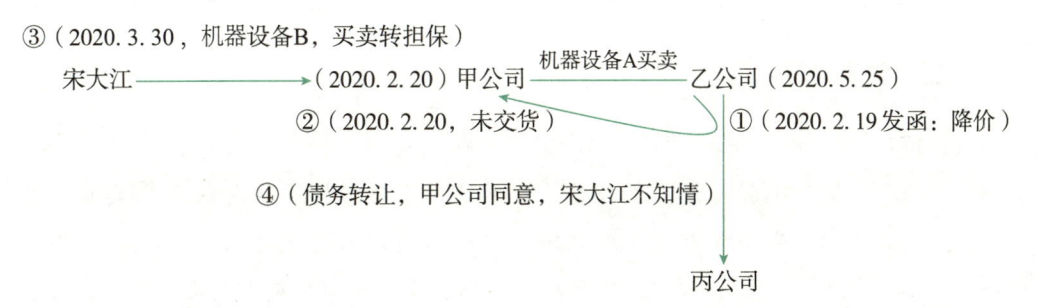

③（2020.3.30，机器设备B，买卖转担保）

宋大江 ──────→（2020.2.20）甲公司 ─── 机器设备A买卖 ─── 乙公司（2020.5.25）
　　　　　　　　②（2020.2.20，未交货）　　　　　　　　　　　　①（2020.2.19发函：降价）

　　　　　　　　④（债务转让，甲公司同意，宋大江不知情）

　　　　　　　　　　　　　　　　　　　　　　　　　　丙公司

第三步：理解案情、确定问题的指向

1. 理解案情

（1）乙公司将自己对甲公司的、将于 2020 年 5 月 25 日到期的、100 万元的机器设备 A 的价金债务，转让给了丙公司，甲公司表示了同意。故此后，就由丙公司对甲公司承担机器设备 A 的价金义务了。但是，丙公司没有如约向甲公司偿还价金。

（2）担保人宋大江对此债务的转让并不知情。

2. 确定问题的指向

乙公司为甲公司债务人时，宋大江愿意为甲公司的债权提供动产质押担保。现在丙公司受让乙公司债务，成为了甲公司新的债务人，且未经宋大江的书面同意，那么宋大江还承担担保责任吗？

第四步：确定考点

1. 考点确定

本题的考点是"债务转让对担保责任的影响"。

2. 考点内容

债务人经债权人同意转让债务给受让人，债务人提供担保的，需继续承担担保责任；第三人提供担保的，担保责任消灭。

第五步：作出判断

本题中，宋大江所提供的动产质押担保为第三人担保。故甲公司同意乙公司将债务转让给丙公司后，宋大江不再承担担保责任。

第六步：问题作答

1. 给出判断

回答：否。

2. 说明理由

回答：否。因为乙公司经甲公司同意，将债务转让给丙公司，未经第三担保人宋大江书面同意，所以宋大江的担保责任消灭。（①用案情说出法律构成和法律判断；②注意"关键词"）

二、进阶案例

案情：

甲、乙、丙三家公司订立三方协议，约定：甲公司将机器设备 A 出卖给乙公司，乙公司支付价款 100 万元。甲公司向乙公司交付机器设备 A 后，乙公司应在 1 个月内支付价款，且在交付后 10 日内以机器设备 A 向甲公司办理抵押登记，并应将该机器设备 A 出租给丙公司，租期 1 年，月租金 3 万元。三方协议订立后，甲公

司如约向乙公司交付了机器设备 A。交付后第 3 天，乙公司将机器设备 A 向丙公司交付。第 5 天，乙公司将机器设备 A 抵押给建设银行，担保乙公司从建设银行的贷款，并办理了抵押登记。第 10 天时，甲公司致函乙公司为其办理机器设备 A 抵押登记手续，乙公司未予理会。1 个月后，乙公司到期未向甲公司、建设银行支付价款和返还借款本息，且对丁公司的货款债务也到期未付。此时，丙公司与甲公司订立合同约定，丙公司将其对乙公司所负的租金债务，为甲公司对乙公司的价金债权提供担保，并于下月履行。

问题：

1. 甲公司能否对机器设备 A 享有物权？为什么？
2. 甲公司、建设银行、丁公司对机器设备 A 价值的受偿顺位如何？为什么？
3. 丙公司能否就甲公司、建设银行对机器设备 A 上权利的行使，主张买卖不破租赁的保护？为什么？
4. 丙公司与甲公司订立合同之后，乙公司能否请求丙公司支付租金？为什么？
5. 丙公司与甲公司订立合同之后，丙公司是否对甲公司负有担保责任？为什么？
6. 丙公司与甲公司订立合同之后，甲公司请求丙公司承担担保责任，丙公司可否拒绝？为什么？

问答

[第 1 问] 甲公司能否对机器设备 A 享有物权？为什么？

第一步：定位题干中的对应案情

1. 本题的定位要素是：①甲公司；②机器设备 A。
2. 从头阅读题干，寻找定位要素。
3. 定位后，标记之。

本题的特点是：问题所对应的案情并不集中，从题干开头到标记处，"甲公司"与"机器设备 A"之间的"物权"案情穿插于题干之中，时隐时现。那么，锁定"甲公司对机器设备 A 的物权"之问题，提炼出案情。

甲、乙、丙三家公司订立三方协议，约定：甲公司将机器设备 A 出卖给乙公司，乙公司支付价款 100 万元。甲公司向乙公司交付机器设备 A 后，乙公司应在 1 个月内支付价款，且在交付后 10 日内以机器设备 A 向甲公司办理抵押登记，并应将该机器设备 A 出租给丙公司，租期 1 年，月租金 3 万元。三方协议订立后，甲公司如约向乙公司交付了机器设备 A。交付后第 3 天，乙公司将机器设备 A 向丙公司交付。第 5 天，乙公司将机器设备 A 抵押给建设银行，担保乙公司从建设银行的贷款，并办理了抵押登记。第 10 天时，甲公司致函乙公司为其办理机器设备 A 抵押登记手续，乙公司未予理会。①1 个月后，乙公司到期未向甲公司、建设银行支付价款和返还借款本息，且对丁公司的货款债务也到期未付。此时，丙公司与甲公司订立合同约定，丙公司将其乙公司所负的租金债务，为甲公司对乙公司的价金债权提供担保，并于下月履行。

第二步：就对应的案情画法律关系图

针对本问题中"甲公司对机器设备 A 的物权"的问题，题干中的相关案情是：

案情 1：甲公司与乙公司订立机器设备 A 买卖合同。

案情 2：甲公司与乙公司约定，甲公司向乙公司交付机器设备 A 后，乙公司于 10 日内向甲公司办理抵押登记手续。

案情 3：甲公司向乙公司交付了机器设备 A。

案情 4：乙公司未向甲公司办理抵押登记手续。

基于上述四点案情，画法律关系图如下：

```
            ②抵押，未登记
   甲公司  ←——————————→  乙公司
            ①出卖，交付
```

第三步：理解案情、确定问题的指向

1. 理解案情

（1）甲公司将机器设备 A 出卖给乙公司，约定先交货、后付款。那么甲公司向乙公司交货后，乙公司便对甲公司承担价金债务。

（2）甲公司与乙公司约定，乙公司在交付后 10 日内，以机器设备 A 向甲公司办理抵押登记，目的就是以机器设备 A 的抵押来担保甲公司对乙公司的价金债权的实现。

2. 确定问题的指向

（1）甲公司、乙公司达成机器设备 A 买卖协议，甲公司向乙公司交付机器设备 A 后，甲公司是否享有机器设备 A 的所有权？

（2）甲公司、乙公司达成"交付后 10 日内抵押登记"的协议，乙公司未如约向甲公司办理抵押登记，甲公司能否享有机器设备 A 上的抵押权？

第四步：确定考点

1. 考点确定

本题的考点有二：①"动产的交付"；②"动产抵押权的设立"。

2. 考点内容

（1）动产的交付形态

第一，现实交付。

第二，观念交付。其包括简易交付、占有改定、指示交付三种类型。

（2）动产抵押权的设立要件

第一，订立书面的动产抵押合同。动产抵押合同已经订立，物权变动，动产抵押权设立。

第二，办理动产抵押登记。动产抵押登记的办理，不是动产抵押权的成立要件，而是对抗第三人的要件，即"未经登记，不得对抗善意第三人"。

第五步：作出判断

1. 本题中，甲公司基于买卖合同，已经将机器设备 A 现实交付给乙公司，物权变动已经发生，乙公司取得了机器设备 A 的所有权。

2. 本题中，三方协议中"甲公司向乙公司交付机器设备 A 后，乙公司应在交付后 10 日内以机器设备 A 向甲公司办理抵押登记"的约定，表明甲、乙公司已经订立了机器设备 A 的抵押合同，甲公司据此已经取得了机器设备 A 上的抵押权。

3. 至于乙公司未向甲公司办理抵押登记手续，并不影响甲公司取得机器设备 A 上的抵押权，只是导致了甲公司的抵押权不得对抗善意第三人。

第六步：问题作答

1. 给出判断

回答：是。

2. 说明理由

回答：是。因为三方协议中，甲、乙公司间的动产抵押合同已经成立，所以甲公司对机器设备 A 享有抵押权。

[第 2 问] 甲公司、建设银行、丁公司对机器设备 A 价值的受偿顺位如何？为什么？

第一步：定位题干中的对应案情

1. 本题的定位要素是：①甲公司；②建设银行；③丁公司；④机器设备 A。

2. 从上一标记开始读题干，寻找定位要素。

3. 定位后，标记之。

本题的特点是：从题干开头到第二个标记（"②"）处，"甲公司""建设银行""丁公司"对于"机器设备 A"的"受偿顺序"案情一路贯穿下来。那么，锁定"甲公司、建设银行、丁公司的法律地位"之问题，提炼出案情。

甲、乙、丙三家公司订立三方协议，约定：甲公司将机器设备 A 出卖给乙公司，乙公司支付价款 100 万元。甲公司向乙公司交付机器设备 A 后，乙公司应在 1 个月内支付价款，且在交付后 10 日内以机器设备 A 向甲公司办理抵押登记，并应将该机器设备 A 出租给丙公司，租期 1 年，月租金 3 万元。三方协议订立后，甲公司如约向乙公司交付了机器设备 A。交付后第 3 天，乙公司将机器设备 A 向丙公司交付。第 5 天，乙公司将机器设备 A 抵押给建设银行，担保乙公司从建设银行的贷款，并办理了抵押登记。第 10 天时，甲公司致函乙公司为其办理机器设备 A 抵押登记手续，乙公司未予理会。①1 个月后，乙公司到期未向甲公司、建设银行支付价款和返还借款本息，且对丁公司的货款债务也到期未付。②此时，丙公司与甲公司订立合同约定，丙公司将其对乙公司所负的租金债务，为甲公司对乙公司的价金债权提供担保，并于下月履行。

第二步：就对应的案情画法律关系图

针对本问题中"甲公司、建设银行、丁公司对机器设备 A 的受偿顺序"的问题，题干中的相关案情是：

案情 1：乙公司将机器设备 A 抵押给甲公司，用以担保甲公司对乙公司的价金债权，未办理抵押登记。

案情 2：乙公司将机器设备 A 抵押给建设银行，用以担保建设银行对乙公司的贷款债权，并办理了抵押登记手续。

案情 3：丁公司是乙公司的普通债权人。

基于上述三点案情，画法律关系图如下：

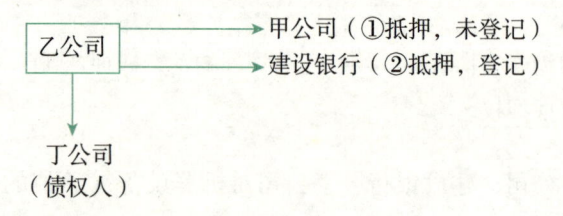

```
                  ┌→ 甲公司（①抵押，未登记）
┌─────┐           │
│乙公司│──────────┤
└─────┘           └→ 建设银行（②抵押，登记）
   │
   ↓
  丁公司
 （债权人）
```

第三步：理解案情、确定问题的指向

1. 理解案情

（1）乙公司欠三个主体的钱到期未付：①欠甲公司的价金；②欠建设银行的贷款；③欠丁公司的货款债权。因此，乙公司现有三位债权人：甲公司、建设银行、丁公司。

（2）乙公司以机器设备 A 向甲公司设立抵押，未登记；然后又向建设银行设立抵押，并登记。

（3）乙公司未以机器设备 A 为第三位债权人丁公司设立任何担保。

2. 确定问题的指向

（1）在机器设备 A 的价值上，甲公司、建设银行的两项抵押权之间，彼此受偿顺位如何？

（2）在机器设备 A 的价值上，甲公司、建设银行的两项抵押权，与丁公司的债权之间，受偿顺位如何？

第四步：确定考点

1. 考点确定

本题的考点有二：

（1）"一物多押的受偿顺序"；

（2）"未经登记的动产抵押权不得对抗的第三人范围"。

2. 考点内容

（1）"一物多押的各抵押权受偿顺序"

第一，登记的抵押权优先于未登记的抵押权；

第二，先登记的抵押权优先于后登记的抵押权，但构成价款抵押权的除外；

第三，价款抵押权需以动产担保"该动产的价款融资债权"，且在交付后 10 日内办理抵押登记为条件。

（2）"未经登记的动产抵押权不得对抗的第三人范围"包括：

第一，申请法院对抵押物采取强制措施的抵押人的债权人；

第二，抵押人的破产债权人。

第五步：作出判断

1. 甲公司的抵押权未经登记，建设银行的抵押权已经登记，故建设银行的抵押权，优先于甲公司的抵押权受偿。需要注意的是，尽管甲公司的抵押权旨在担保抵押物价金融资债权，但其并未在交付后 10 日内登记，故不具有"超级优先"效力，即不得优先于建设银行的抵押权受偿。

2. 丁公司虽是乙公司（抵押人）的债权人，但因并未申请法院对机器设备 A 采取强制措施，乙公司也未破产，故丁公司不属于"未经登记的抵押权不得对抗的第三人"。因此，甲公司的抵押权依然可优先于丁公司受偿。

第六步：问题作答

1. 给出判断

回答：建设银行–甲公司–丁公司。

2. 说明理由

回答：建设银行–甲公司–丁公司。因为建设银行的抵押权已经登记，而甲公司的抵押权并未登记，所以建设银行登记的抵押权优先于甲公司未登记的抵押权。因为丁公司是普通债权人,并非未经登记的抵押权不得对抗的第三人,所以甲公司的抵押权优先于丁公司的债权受偿。

[第3问] 丙公司能否就甲公司、建设银行对机器设备 A 上权利的行使,主张买卖不破租赁的保护?为什么?

第一步:定位题干中的对应案情

1. 本题的定位要素是:①甲公司;②建设银行;③丙公司;④买卖不破租赁。
2. 从上一标记开始读题干,寻找定位要素。
3. 定位后,标记之。

本题的特点是:从题干开头到第二个标记处,"甲公司""建设银行"对机器设备 A 的权利行使,与"丙公司"对于机器设备 A 的"买卖不破租赁"的案情并不集中。于是,仍然锁定问题,提炼出案情。

甲、乙、丙三家公司订立三方协议,约定:甲公司将机器设备 A 出卖给乙公司,乙公司支付价款 100 万元。甲公司向乙公司交付机器设备 A 后,乙公司应在 1 个月内支付价款,且在交付后 10 日内以机器设备 A 向甲公司办理抵押登记,并应将该机器设备 A 出租给丙公司,租期 1 年,月租金 3 万元。三方协议订立后,甲公司如约向乙公司交付了机器设备 A。交付后第 3 天,乙公司将机器设备 A 向丙公司交付。第 5 天,乙公司将机器设备 A 抵押给建设银行,担保乙公司从建设银行的贷款,并办理了抵押登记。第 10 天时,甲公司致函乙公司为其办理机器设备 A 抵押登记手续,乙公司未予理会。①③1 个月后,乙公司到期未向甲公司、建设银行支付价款和返还借款本息,且对丁公司的货款债务也到期未付。②此时,丙公司与甲公司订立合同约定,丙公司将其对乙公司所负的租金债务,为甲公司对乙公司的价金债权提供担保,并于下月履行。

第二步:就对应的案情画法律关系图

针对本问题中"甲公司、建设银行对机器设备 A 的权利行使及丙公司买卖不破租赁之保护"的问题,题干中的相关案情是:

案情1:乙公司将机器设备 A 抵押给甲公司,用以担保甲公司对乙公司的价金债权,未办理抵押登记。

案情2:随后,乙公司根据三方协议中的"租赁"约定,将机器设备 A 出租给丙公司,并且交付。

案情3:再随后,乙公司将机器设备 A 抵押给建设银行,用以担保建设银行对乙公司的贷款债权,并办理了抵押登记手续。

基于上述三点案情,画法律关系图如下:

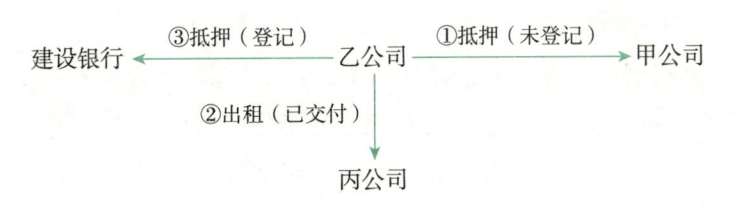

```
建设银行 ←――③抵押（登记）―― 乙公司 ――①抵押（未登记）――→ 甲公司
                                    │
                                    ②出租（已交付）
                                    ↓
                                   丙公司
```

第三步：理解案情、确定问题的指向

1. 理解案情

乙公司将已经抵押给甲公司的机器设备 A 出租给丙公司；后来又将出租给丙公司的机器设备 A 抵押给建设银行。

2. 确定问题的指向

（1）现乙公司未向甲公司支付价款，甲公司行使对机器设备 A 上的权利，即行使抵押权时，需将机器设备 A 变卖给第三人。然而，机器设备 A 在承租人丙公司手中。那么，丙公司可否对受让机器设备 A 的第三人主张买卖不破租赁之保护？

（2）同样，现乙公司也未向建设银行偿还贷款本息，建设银行行使对机器设备 A 上的权利，即行使抵押权时，需将机器设备 A 变卖给第三人。然而，机器设备 A 在承租人丙公司手中。那么，丙公司可否对受让机器设备 A 的第三人主张买卖不破租赁之保护？

第四步：确定考点

1. 考点确定

本题的考点是"买卖不破租赁的限制"。

2. 考点内容

"买卖不破租赁的限制"，总体上讲，就是"我知道我租了一个抵押物"。分解开就是：

（1）在租赁之前，标的物上已经成立了登记的抵押权的，抵押权可以对抗租赁权。换言之，抵押权行使过程中，承租人不得主张买卖不破租赁之保护。（"抵押权登记了"＋"你后来承租"＝"你知道你租了一个抵押物"）

（2）在租赁之前，标的物上已经成立了未登记的抵押权，但承租人租赁时知道该抵押权的，抵押权可以对抗租赁权。换言之，抵押权行使过程中，承租人不得主张买卖不破租赁之保护。（"抵押权没登记"＋"但你知道抵押权存在并承租"＝"你知道你租了一个抵押物"）

（3）在租赁之后，担保物上设立抵押的，抵押权不可以对抗租赁权。换言之，抵押权行使过程中，承租人可以主张买卖不破租赁之保护。（"你租赁的时候没有抵押"＝"你不可能知道你租了一个抵押物"）

第五步：作出判断

1. 甲公司在机器设备 A 上的抵押权，成立于丙公司的租赁之前，故丙公司"租了一个抵押物"。由于乙公司是在三方协议中允诺将机器设备 A 抵押给甲公司，而丙公司也是三方协议中的当事人，故丙公司"知道自己租了一个抵押物"。因此，甲公司行使抵押权时，丙公司不得主张买卖不破租赁之保护。

2. 建设银行在机器设备 A 上的抵押权，成立于丙公司的租赁之后，故丙公司"不知道自己租了一个抵押物"。因此，建设银行行使抵押权时，丙公司可以主张买卖不破租赁之保护。

第六步：问题作答

1. 给出判断

回答： 甲公司行使权利时，丙公司不得主张买卖不破租赁之保护；建设银行行使抵押权时，丙公司可以主张买卖不破租赁之保护。

2. 说明理由

回答： 甲公司行使权利时，丙公司不得主张买卖不破租赁之保护；建设银行行使抵押权时，丙公司可以主张买卖不破租赁之保护。因为甲公司的抵押权成立于丙公司的租赁之前，尽管未经登记，但丙公司租赁时知道该抵押权的存在，所以甲公司的抵押权可以对抗丙公司的租赁权；因为建设银行的抵押权成立于丙公司的租赁之后，所以建设银行的抵押权不得对抗丙公司的租赁权。

[第 4 问] 丙公司与甲公司订立合同之后，乙公司能否请求丙公司支付租金？为什么？

第一步：定位题干中的对应案情

1. 本题的定位要素是：丙公司、甲公司合同。
2. 从上一标记开始读题干，寻找定位要素。
3. 定位后，标记之。

本题的特点是：问题对应的案情开始延伸，但以前的案情依然需要使用。那么，根据问题，提炼出相关案情。

甲、乙、丙三家公司订立三方协议，约定：甲公司将机器设备 A 出卖给乙公司，乙公司支付价款 100 万元。甲公司向乙公司交付机器设备 A 后，乙公司应在 1 个月内支付价款，且在交付后 10 日内以机器设备 A 向甲公司办理抵押登记，并应将该机器设备 A 出租给丙公司，租期 1 年，月租金 3 万元。三方协议订立后，甲公司如约向乙公司交付了机器设备 A。交付后第 3 天，乙公司将机器设备 A 向丙公司交付。第 5 天，乙公司将机器设备 A 抵押给建设银行，担保乙公司从建设银行的贷款，并办理了抵押登记。第 10 天时，甲公司致函乙公司为其办理机器设备 A 抵押登记手续，乙公司未予理会。①③1 个月后，乙公司到期未向甲公司、建设银行支付价款和返还借款本息，且对丁公司的货款债务也到期未付。②此时，丙公司与甲公司订立合同约定，丙公司将其对乙公司所负的租金债务，为甲公司对乙公司的价金债权提供担保，并于下月履行。④

第二步：就对应的案情画法律关系图

针对本问题，题干中的相关案情是：

案情 1：乙公司对甲公司的机器设备 A 价金债务未履行。

案情 2：丙公司对乙公司负有机器设备 A 的租金债务，按月履行。

案情 3：丙公司、甲公司约定，丙公司以"租金债务"向甲公司担保。

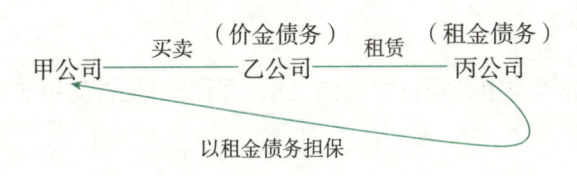

```
              （价金债务）            （租金债务）
        买卖              租赁
   甲公司 ──────── 乙公司 ──────── 丙公司
        ↑                              │
        └──────── 以租金债务担保 ───────┘
```

第三步：理解案情、确定问题的指向

1. 理解案情

丙公司以其对乙公司的租金债务向甲公司提供担保的意思是，"丙公司向甲公司履行其对乙公司所负的租金债务"，以此来实现甲公司对乙公司的价金债权。

2. 确定问题的指向

（1）本来，乙公司有权根据与丙公司的租赁合同请求丙公司向自己支付租金。

（2）现在，丙公司与甲公司约定，丙公司以其对乙公司的租金债务向甲公司提供担保后，乙公司还能否根据租赁合同的约定请求丙公司向自己支付租金？

（3）质言之，丙公司与甲公司的约定能否导致丙公司对乙公司的租金债务消灭？

第四步：确定考点

1. 考点确定

本题的考点是"债的消灭原因"。

2. 考点内容

在民法上，债的消灭原因主要包括：

（1）履行、提存、抵销、混同、免除等事实，可以直接引起债的消灭；

（2）债务转让，相对于转让人而言，其债务因转让而消灭；

（3）合同解除，相对于解除后到期的债务而言，该债务归于消灭。

第五步：作出判断

本题中，丙公司与甲公司达成的"以租金债务担保"的约定，并不能导致丙公司对乙公司所负的租金债务消灭，乙公司依然有权请求丙公司依照租赁合同约定支付租金。

第六步：问题作答

1. 给出判断

回答：可以。

2. 说明理由

回答：可以。因为丙公司与甲公司的以债务担保的约定，<u>不能导致丙公司对乙公司租金债务的消灭</u>（注意：无需一一列举民法上债务消灭的原因），所以乙公司依然有权请求丙公司支付租金。

[第5问] 丙公司与甲公司订立合同之后，丙公司是否对甲公司负有担保责任？为什么？

第一步：定位题干中的对应案情

本题的定位要素是：<u>丙公司、甲公司合同</u>。其属于对同一案情的连续发问。

甲、乙、丙三家公司订立三方协议，约定：甲公司将机器设备 A 出卖给乙公司，乙公司支付价款 100 万元。甲公司向乙公司交付机器设备 A 后，乙公司应在 1 个月内支付价款，且在交付后 10 日内以机器设备 A 向甲公司办理抵押登记，并<u>应将该机器设备 A 出租给丙公司，租期 1 年，月租金 3 万元</u>。三方协议订立后，甲公司如约向乙公司交付了机器设备 A。交付后第 3 天，乙公司将机器设备 A 向丙公司交付。第 5 天，乙公司将机器设备 A 抵押给建设银行，担保乙公司从建设银行的贷款，并办理了抵押登记。第 10 天时，甲公司致函乙公司为其办理机器设备 A 抵押登记手续，乙公司未予理会。①③1 个月后，乙公司到期未向甲公司、建设银行支付价款和返还借款本息，且对丁公司的货款债务也到期未付。②此时，<u>丙公司与甲公司订立合同约定，丙公司将其对乙公司所负的租金债务，为甲公司对乙公司的价金债权提供担保，并于下月履行</u>。④⑤

第二步：就对应的案情画法律关系图

针对本问题，题干中的相关案情是：

案情1：乙公司对甲公司的机器设备 A 价金债务未履行。

案情2：丙公司对乙公司负有机器设备 A 的租金债务，按月履行。

案情3：丙公司、甲公司约定，丙公司以"租金债务"向甲公司担保。

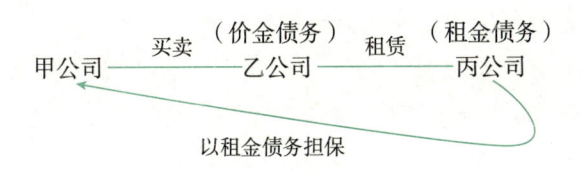

```
                （价金债务）        （租金债务）
        买卖                  租赁
  甲公司 ←——— 乙公司 ←——— 丙公司
      ↑                              |
      |_____以租金债务担保_____|
```

第三步：理解案情、确定问题的指向

1. 理解案情

丙公司以其对乙公司的租金债务向甲公司提供担保，意思是说"丙公司向甲公司履行其对乙公司所负的租金债务"，以此来实现甲公司对乙公司的价金债权。

2. 确定问题的指向

（1）丙公司在其与甲公司合同中所作出的"以租金债务担保"的意思表示，能否使丙公司对甲公司负担担保责任？

（2）本题中不涉及担保物，故只考虑保证。于是，问题具体化为：丙公司对甲公司是否承担保证责任？

第四步：确定考点

1. 考点确定

本题的考点是"保证允诺"。

2. 考点内容

债之关系以外的第三人作出保证允诺的，才为保证人。保证允诺的作出方式有二：

（1）表明责任，即第三人作出"债务人不履行，我来履行"的意思表示；

（2）表明身份，即第三人作出"我是保证人"的意思表示。

第五步：作出判断

本题中，丙公司已经向甲公司作出了"表明责任"的保证允诺。

第六步：问题作答

1. 给出判断

回答：是。

2. 说明理由

回答：是。因为丙公司在与甲公司的以债务担保的约定中，作出了承担保证责任的意思表示，所以丙公司为保证人。

[第6问] 丙公司与甲公司订立合同之后，甲公司请求丙公司承担担保责任，丙公司可否拒绝？为什么？

第一步：定位题干中的对应案情

本题的定位要素是：丙公司、甲公司合同。本题所对应的案情，在上一道题的基础上，需增加"乙公司向甲公司设立抵押"的情节。

甲、乙、丙三家公司订立三方协议，约定：甲公司将机器设备 A 出卖给乙公司，乙公司支付价款 100 万元。甲公司向乙公司交付机器设备 A 后，乙公司应在 1 个月内支付价款，且在交付后 10 日内以机器设备 A 向甲公司办理抵押登记，并应将该机器设备 A 出租给丙公司，租期 1 年，月租金 3 万元。三方协议订立后，甲公司如约向乙公司交付了机器设备 A。交付后第 3 天，乙公司将机器设备 A 向丙公司交付。第 5 天，乙公司将机器设备 A 抵押给建设银行，担保乙公司从建设银行的贷款，并办理了抵押登记。第 10 天时，甲公司致函乙公司为其办理机器设备 A 抵押登记手续，乙公司未予理会。①③1 个月后，乙公司到期未向甲公司、建设银行支付价款和返还借款本息，且对丁公司的货款债务也到期未付。②此时，丙公司与甲公司订立合同约定，丙公司将其对乙公司所负的租金债务，为甲公司对乙公司的价金债权提供担保，并于下月履行。④⑤⑥

第二步：就对应的案情画法律关系图

与本问题对应的相关案情：

案情 1：乙公司以机器设备 A 向甲公司设立抵押，但未登记。

案情 2：乙公司对甲公司的机器设备 A 价金债务未履行。

案情 3：丙公司对乙公司负有机器设备 A 的租金债务，按月履行。

案情 4：丙公司、甲公司约定，丙公司以"租金债务"向甲公司担保。

```
                买卖
    甲公司 ────────── 乙公司
      ↑  ↑          （价金债务）
      │  │
   保证  抵押，未登记
      │  │
    丙公司 乙公司
```

第三步：理解案情、确定问题的指向

1. 理解案情

甲公司已经有机器设备 A 上的抵押权，然后丙公司以其对乙公司的租金债务向甲公司提供担保，表明"丙公司向甲公司履行其对乙公司所负的租金债务"，以此来实现甲公司对乙公司的价金债权。

2. 确定问题的指向

（1）既然丙公司对甲公司负有保证责任，那么丙公司能否拒绝承担该保证责任？

（2）有保证责任但可拒绝承担，必须有可以拒绝的理由。于是，问题具体化为：丙公司有没有拒绝承担保证责任的理由？

第四步：确定考点

1. 考点确定

本题的考点有二：

（1）一般保证与连带责任保证的区分；

（2）混合担保的履行顺序。

2. 考点内容

（1）保证人与债权人未约定连带责任保证的，为一般保证；

（2）混合担保中，各担保人没有与债权人约定各自承担担保责任的顺序、份额的，债权人应先就债务人提供的物保受偿其债权。

第五步：作出判断

1. 本题中，从丙公司向甲公司所作出的"于下月履行"的表示可知，丙公司的保证责任为连带责任保证，故不考虑先诉抗辩权。

2. 本题中，因丙公司对甲公司承担保证责任与乙公司（债务人）所提供的机器设备 A 上的抵押权并存，构成混合担保，且乙、丙公司均未与甲公司约定各自承担担保责任的份额和顺序，故丙公司有权主张甲公司先执行乙公司所提供的机器设备 A 上的抵押权。

第六步：问题作答

1. 给出判断

回答：可以。

2. 说明理由

回答：可以。因为乙公司与丙公司均对甲公司的债权提供担保，构成混合担保。乙、丙公司均未与甲公司约定承担担保责任的顺序和份额，所以丙公司有权要求甲公司先就债务人乙公司所提供的物保受偿。

第二部分 真题集萃

2022年主观题回忆版

案情：

2021年1月，南峰市鹿台区的甲公司因扩大经营需要，拟发行公司债券融资。平远市凤凰区乙公司的大股东兼法定代表人李某也是甲公司的股东，为帮助甲公司销售债券，李某找到平远市金龙区丙公司的总经理吴某，要求丙公司帮忙购买甲公司债券。

2021年4月，甲公司债券（3年期，年利率8%）正式发行。4月5日，甲公司与丙公司在南峰市鹿台区签订《债券认购及回购协议》，约定丙公司认购甲公司5000万元债券；甲公司应在1年后以5500万元进行回购，如逾期未回购，甲公司向丙公司支付1000万元的违约金。合同还载明，因本合同产生的一切纠纷，均应提交甲公司所在地的南峰市鹿台区法院解决。

4月8日，李某代表乙公司与丙公司在平远市金龙区签订《担保合同》，约定乙公司为甲公司的回购义务及违约责任等提供"充分且完全的担保"。该担保合同载明："因本合同发生的纠纷，双方应友好协商，协商无法解决的，应提交平远仲裁委员会解决。"在签约前，丙公司询问李某是否获得了股东会的同意，李某向丙公司提供了一份微信群聊天记录，显示李某曾就担保一事征求乙公司其他两位股东张某、孙某意见，二人均微信回复"无异议"。同日，李某个人应丙公司请求就甲公司回购义务向丙公司提供担保，并明确约定担保方式为：丙公司曾向李某个人借款3000万元，将于2021年7月31日到期。到期后，丙公司可以暂不返还该借款，以此作为李某为甲公司回购义务的担保。2021年7月31日，丙公司未向李某偿还该笔借款。①

2022年4月，回购日期届至，甲公司未履行回购义务，丙公司沟通无果，向鹿台区法院起诉甲公司、乙公司，提出诉讼请求一：甲公司履行回购义务并支付违约金1000万元；②③诉讼请求二：乙公司对甲公司上述义务承担连带责任。④甲公司在答辩期间提交答辩状，认为违约金过高，请求法院予以减少。乙公司在答辩期间也提交了答辩状，未提出管辖权异议，但在开庭中提出，担保合同中存在仲裁协议，鹿台区法院对案件无管辖权。乙公司其他两位股东张某、孙某知悉该诉讼的消息后，向法院表示，依照公司章程，公司对外担保应经过股东会决议，乙公司为甲公司提供的保证仅为李某个人的意思，未经公司股东会决议，应为无效。李某则表示，虽没有召开股东会，但李某通过微信聊天征求过张某和孙某的意见，他们均未表示反对，并提供了一份三人微信聊天记录截图的纸质打印件，并表示因为手机更换，只能提供当时聊天记录截图的纸质打印版。⑤丙公司另行向平远市金龙区法院起诉李某，请求确认李某对其的3000万元债权已因承担担保责任而消灭。

后丙公司发现，乙公司本身已无有价值的财产，但其全资控股了主营建筑业务的丁公司。丙公司认为，丁公司长期与乙公司混用财务人员、其他工作人员和工作场所，账目不清，其财产无法与乙公司财产相区分，应与乙公司承担连带责任。丁公司承揽的戊公司的建设工程已竣工验收，但戊公司尚未依照合同约定的时间支付价款1000万元，因此丙公司希望丁、戊两公司一并承担责任。

问题：
1. 请具体分析李某向丙公司提供的担保的性质。

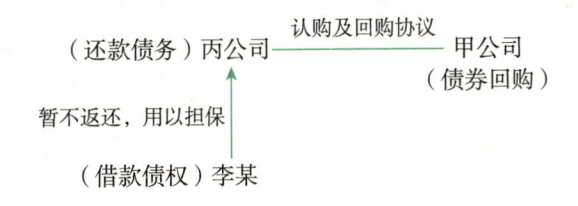

[案情与问题指向分析]

对应案情：从案情开头到标记①。

1. 李某与丙公司之间存在借款关系。李某享有借款债权，丙公司负担还款债务。

2. 李某与丙公司"暂不返还，用以担保"的约定，意思是说：

（1）丙公司将本应向李某返还的3000万元借款留在丙公司手里；

（2）如果甲公司不履行回购债券的义务，这3000万元就用来履行甲公司的部分债务。

3. 问题的指向是：李某向丙公司提供的这种"借款转担保"的担保性质，如何界定？

[考点]

1. 应收账款质押

（1）含义：应收账款债权人将其应收账款债权出质，担保另一债权人债权的实现；

（2）取得方式：采取公示成立的物权变动模式，办理了质押登记，应收账款质权成立。

2. 金钱质押

（1）含义：担保人将特定金钱交付予债权人，用以担保其债权的实现。

（2）取得方式：金钱质押需以开设出质账户为手段（《最高人民法院关于适用〈中华人民共和国民法典〉有关担保制度的解释》第70条第1款）。否则，根据金钱"占有即所有"的属性，债权人直接占有金钱的，只能享有所有权，而无法享有质权。

3. 保证允诺

（1）第三人作出保证允诺的，为保证人；

（2）第三人表明"愿承担保证责任"的，其作出了保证允诺。

4. 一般保证与连带责任保证的区别：当事人未约定连带责任保证的，视为一般保证。

5. 混同的条件：集于一人之身的债权、债务，因混同而消灭。

6. 法定抵销的条件：债务人在另一法律关系中对债权人负担同种类债务到期的，享有抵销权。

[判断]

1. 李某向丙公司所提供的担保是不是物保？

本题中，可能涉及的物保类型包括应收账款质押和金钱质押两种。

（1）李某向丙公司所提供的担保是不是应收账款质押？

❶ 应收账款质押的逻辑

第一，基于借款关系，李某对丙公司享有应收账款债权。

第二，"暂不返还，用以担保"的约定，理解为李某将对丙公司的应收账款债权出质给丙公司，用以担保丙公司对甲公司的债券回购债权。

```
应收账款质权人 ┐
               ├ 丙公司 ──认购及回购协议── 甲公司
应收账款债务人 ┘      应收账款质押        （债券回购）

（应收账款债权人）李某
```

第三，应收账款质权的实现方式是，所担保的债权不能实现时，质权人可请求应收账款债务人支付应收账款。

第四，丙公司既是"应收账款债务人"，又是"应收账款质权人"。甲公司不履行债券回购债务的，丙公司可以请求自己支付应收账款，由此，应收账款的请求权与履行义务集于丙公司之一身，发生混同，权利、义务归于消灭，即丙公司以"无需履行还款义务"实现了"回购请求权"的担保目的。

❷ 应收账款质押采取公示成立的物权变动模式，李某未向丙公司办理出质登记的，丙公司不能取得应收账款质权。本题中，未出现"出质登记"的案情，按照"未登记"理解。

结论：李某向丙公司所提供的担保不是应收账款质押。

（2）李某向丙公司所提供的担保是不是金钱质押？

❶ 金钱质押的逻辑

第一，李某将丙公司本应返还的3000万元借款出质给丙公司，用以担保丙公司的债券回购债权；

第二，"暂不返还，用以担保"的约定，理解为"李某将丙公司手里的3000万元出质给丙公司"，即李某与丙公司达成简易交付的质押合意；

第三，如果甲公司到期不履行债券回购债务，丙公司可直接取得该3000万元的所有权以实现部分债权。

❷ 金钱质押需以开设出质账户为手段（《最高人民法院关于适用〈中华人民共和国民法典〉有关担保制度的解释》第70条第1款）。否则，根据金钱"占有即所有"的属性，债权人直接占有金钱的，只能享有所有权，而无法享有质权。本题中，并无"开设出质账户"的情节。

结论：李某向丙公司所提供的担保并非金钱质权。

2. 李某向丙公司所提供的担保是不是人保？

（1）定性

❶李某并未以"特定财产"向丙公司提供担保；

❷李某作出了"愿意承担担保责任"的意思表示；

❸在担保人未以特定财产提供担保，且作出了担保意思表示的情况下，其意思表示为"表明愿意承担保证责任"的保证允诺；

❹据此，李某作出的"暂不返还，用以担保"的允诺为保证允诺，李某为保证人；

❺由于丙公司的回购债券之债权金额为 5500 万元，而李某保证允诺中愿意承担保证责任的数额为 3000 万元，故为限额保证；

❻由于李某与丙公司并未约定保证责任的承担方式，故为一般保证。

结论：李某向丙公司所提供的担保是"限额一般保证"。

（2）逻辑

❶李某向丙公司允诺，如果甲公司不履行债券回购债务，自己在 3000 万元的范围内承担一般保证责任。

❷丙公司对甲公司穷尽一切法律手段后，仍有不能受偿的部分时：

第一，丙公司有权请求李某在 3000 万元的范围内承担保证责任。

第二，李某有权请求丙公司返还 3000 万元借款。

```
  债权①               ①借款          债务①
         ⎫                      ⎧
         ⎬ 李某 ←————————→ 丙公司 ⎨
         ⎭      ②一般保证         ⎩
  保证责任②                      保证权②
```

第三，丙公司可基于抵销权直接实现其保证权，而无需担心李某拒不承担保证责任。

由此可见，李某与丙公司之间"暂不返还，用以担保"的约定，目的在于使丙公司行使保证权时保留抵销权，从而使其保证权得到可靠的保障。

[作答]

限额一般保证。因为李某并未将特定财产向丙公司设定担保，所以李某的担保性质为保证；因为李某仅为丙公司 5500 万元债权中的 3000 万元提供担保，所以李某的担保性质为限额保证；因为李某与丙公司并未约定担保责任的承担方式，所以李某的担保性质为一般保证。

2. 根据丙公司的诉讼请求一，甲公司是否应当履行回购义务？请说明理由。如甲公司主张该回购安排违反了债权人平等受偿的原则，应为无效，甲公司的主张是

否合理？请说明理由。

（①债券认购）
丙公司 ──────── 甲公司
（②债券回购）

[案情与问题指向分析]

对应案情：从标记①到标记②。

1. 甲公司发行公司债券，3年期，年利率8%。

2. 甲、丙公司的《债券认购及回购协议》约定，丙公司购买甲公司发行的公司债券，丙公司以5000万元购买，1年后甲公司以5500万元回购，即1年期，年利率10%。

3. 问题的指向是：

（1）在债券的发行过程中：

第一，丙公司"认购"甲公司发行的债券，该行为的性质是什么？

第二，丙公司"认购"甲公司发行的债券后，甲公司再"回购"之，该行为的性质是什么？

（2）甲公司发行公司债券，3年期，年利率8%。但其对丙公司的发行却是1年期，年利率10%。这样做可不可以？

[考点]

1. 债券发行的本质：以借款方式融资。

（1）债券的购买，性质是出借人向发债人出借资金；

（2）债券的回购，性质是发债人向出借人偿还借款本息。

2. 格式条款与非格式条款冲突时，非格式条款优先适用。

3. 债权人平等受偿原则

（1）含义：债权效力具有平等性；

（2）表现：债务人进入破产程序的，不得对部分债权人进行个别清偿。

[判断]

1. 甲、丙公司形成借款关系，甲公司应予回购，即借款人应偿还借款本息。

2. "3年期，年利率8%"为甲公司债券发行的格式条款，而甲、丙公司的《债券认购及回购协议》中"1年期，年利率10%"的约定为非格式条款。对于甲、丙公司而言，以非格式条款为准。

3. 在甲公司并未进入破产程序的情况下，丙公司依据《债券认购及回购协议》的约定请求甲公司偿还到期的借款本息债务，并不违反债权人平等受偿原则。

[作答]

（1）应当。因为甲、丙公司形成借款关系，所以甲公司对于债券的回购是借款人履行还本付息的债务，且因为《债券认购及回购协议》中关于债券回购的约定为非格式条款，可优先于"3年期，年利率8%"的格式条款适用，所以甲公司应当依约回购债券。

（2）不合理。因为甲公司向丙公司履行到期债务，并未赋予丙公司优先于其他债权人的效力，且甲公司并未进入破产程序，对丙公司的个别清偿也并不为法律所禁止，所以回购安排并不违反债权人平等受偿原则。

3. 根据丙公司的诉讼请求一，甲公司是否应当支付违约金？请说明理由。关于甲公司请求法院予以减少违约金的主张能否得到法院支持？请说明理由。

（①债券认购）

丙公司 ——————— 甲公司

（②债券回购）

违约金1000万元

[案情与问题指向分析]

对应案情：从标记①到标记③，与第 2 问相同，故属于就同一案情的第二次设问。

1. 甲、丙公司的《债券认购及回购协议》约定，甲公司未如约回购债券的，支付违约金 1000 万元。

2. 甲公司未如约回购债券，丙公司主张甲公司支付违约金 1000 万元。

3. 问题的指向是：甲公司有无请求减少违约金的法律依据？

[考点]

1. 违约金过高于应赔偿的损失的，债务人可以申请法院适当减少。

2. 违约金过高于应赔偿的损失的判断标准，是违约金超过应赔偿的损失的 30%。

[判断]

问题的焦点在于，1000 万元违约金的约定是否构成"违约金过高于应赔偿的损失"。

1. 第一种观点

（1）法院适当减少违约金，需债务人主动申请。

（2）债务人主动申请，需提出申请的依据。

（3）债务人提供申请的依据，便需证明债权人的损失数额，从而证明"违约金过高于应赔偿的损失"。

（4）本案中，甲公司并未对丙公司的损失数额举证，无法证明 1000 万元的违约金过高于损失。因此，甲公司不得主张减少违约金。

2. 第二种观点（推荐）

（1）甲公司回购债务的本息总计为 5500 万元。

（2）李某以 3000 万元提供担保，可使该债务额降低至 2500 万元。

（3）1000 万元的违约金约定达到了甲公司未能偿还本息的 40%。

（4）借款关系中，债务人迟延履行债务给债权人造成的损失数额，通常是利息损失。

（5）本案中，在甲公司回购债务刚刚到期的情况下，甲公司未予回购给丙公司造成的利息损失不可能超过未履行本息债务总额的40%。因此，1000万元的违约金约定明显过高，法院应予适当减少。

[作答]

两种观点：

（1）法院不予支持。因为甲公司并未对因迟延回购给丙公司造成的损失数额举证，无法证明违约金过高于损失，即无法证明具备适当减少违约金的条件，所以法院不予支持。

（2）法院应予支持。因为在李某提供担保的情况下，甲公司的回购债务已经减少至2500万元，1000万元违约金达到了迟延履行债务总额的40%，明显过高，所以法院应予支持。

4. 根据丙公司的诉讼请求二，乙公司应当承担何种担保责任？请说明理由。

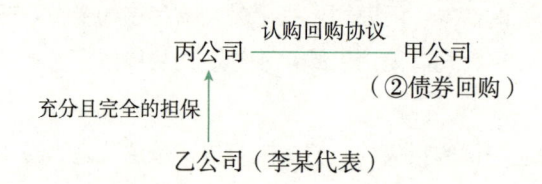

```
                    认购回购协议
       丙公司 ————————————————— 甲公司
         ↑                      （②债券回购）
 充分且完全的担保 |
         |
       乙公司（李某代表）
```

[案情与问题指向分析]

对应案情：从标记③到标记④。

1. 根据甲、丙公司的《债券认购及回购协议》，丙公司有权请求甲公司回购债券。

2. 李某代表乙公司与丙公司订立《担保合同》，为丙公司的债权提供担保，且允诺提供"充分且完全的担保"。

3. 问题的指向是：乙公司在《担保合同》中所允诺的"充分且完全的担保"，是什么性质？

[考点]

1. 人保与物保的区别

（1）人保为保证，是保证人以自己的信用提供担保；

（2）物保包括抵押、质押、留置等，是担保人以财产的价值提供担保。

2. 保证允诺

（1）第三人作出保证允诺的，为保证人；

（2）第三人表明"愿承担保证责任"的，是作出了保证允诺。

3. 一般保证与连带责任保证的区别

（1）一般保证中，债权人需对债务人穷尽一切法律手段后，方可请求保证人承担保证责任；

（2）连带责任保证中，债权人可直接请求保证人承担保证责任；

（3）当事人未约定连带责任保证的，视为一般保证。

[判断]

1. 乙公司与丙公司订立的《担保合同》中，并未约定以某一财产的价值为担保标的，故排除物保。

2. 乙公司在《担保合同》中所作出的"担保"意思表示，表明其"愿意承担保证责任"，故该担保的性质为保证。

3. 相对于一般保证，连带责任保证中保证人的责任最为充分且完全，故乙公司在《担保合同》中所作出的"充分且完全的担保"意思表示，表明其作出的保证为连带责任保证。

[作答]

连带责任保证。因为乙公司并未以特定财产的价值向丙公司提供担保，所以乙公司的担保性质为保证；又因为乙公司作出了提供"充分且完全的担保"的意思表示，所以乙公司的担保性质为连带责任保证。

5. 张某和孙某提出乙公司担保合同无效的主张是否成立？请说明理由。

```
丙公司 ──────── 甲公司
                （②债券回购）
充分且完全的担保
              乙公司（李某代表）

     股东：李某、张某、孙某
          （微信同意）
```

✎

_____

_____

_____

_____

_____

_____

_____

_____

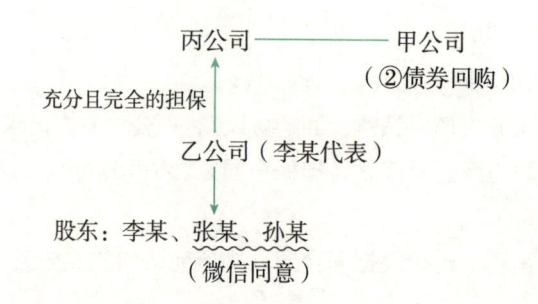

_____

[案情与问题指向分析]

对应案情：从标记④到标记⑤。

1. 乙公司的股东李某作为乙公司法定代表人，代表乙公司作出意思表示，由乙公司向丙公司提供"充分且完全的担保"，以担保甲公司回购债务的履行。

2. 李某提供打印截图，欲证明乙公司的另外两位股东张某、孙某在微信上同意该项担保。

3. 问题的指向是：乙公司的另外两位股东张某、孙某能否以该项担保未经股东会决议为由，主张担保无效？

[考点]

1. 公司为他人债务担保

（1）原则上，公司法定代表人以公司名义为他人债务担保的，应按照程序召开股东会并表决；否则，法定代表人构成越权代表。

（2）例外是，担保合同经有公司2/3以上对担保事项有表决权的股东签字同意，但上市公司除外。

2. 法定代表人越权代表的后果

法定代表人超越代表权限，以法人名义与相对人订立合同，相对人善意的，合同有效。

[判断]

股东在微信中表示赞同，是否构成"股东签字同意"？对此有两种观点：

1. 第一种观点

纵然李某可以证明聊天记录的真实性，张某、孙某在微信中表示同意也并不构成"股东在《担保合同》上的签字同意"。因此，李某构成越权代表，若丙公司不能证明自己善意，则《担保合同》无效。

2. 第二种观点（推荐）

如果李某可以证明聊天记录的真实性，张某、孙某在微信中表示同意与"股东签字同意"均为书面同意，并无差别。因此，李某不构成越权代表，《担保合同》有效。

[作答]

两种观点。

（1）可以成立。因为张某、孙某在微信中表示同意并不构成"股东在《担保合同》上的签字同意"，李某构成越权代表，所以，若丙公司不能证明自己善意，则《担保合同》无效。

（2）不能成立。因为张某、孙某在微信中表示同意与"股东签字同意"均为书面同意，并无差别，所以，若李某能够证明聊天记录的真实性，则不构成越权代表，《担保合同》有效。

2021年主观题回忆版（统考卷）

案情：

枫桥公司因债务人抵债，获得了一栋写字楼的所有权。这栋写字楼一共20层，其中，1~17层枫桥公司自己使用，将第18、19、20三层进行出租，分别出租给甲、乙、丙三个子公司，其中甲公司为恒通公司的全资子公司、乙为恒通公司的控股子公司、丙公司为恒通公司的参股子公司。租赁合同中约定月租金为90万元，3个月一付，不能对基本工程（硬装修）进行改造，但其他部分可以自行装修。另外约定合同履行发生纠纷由枫桥公司所在地的法院管辖。恒通公司为甲、乙、丙三公司的租金支付义务提供连带责任担保。①

甲公司进场后，发现楼层通风设备有问题，枫桥公司反复修也没修好。于是甲公司就自行修，花费维修费60万元。甲公司主张以该60万元来抵租金，枫桥公司不同意。于是甲公司第二个季度只向枫桥公司账户打了30万元。枫桥公司将甲公司以及恒通公司诉至法院，要求二者支付租金。诉讼中，枫桥公司主张甲公司已经支付的30万元并非租金，而是另一个合同的货款，要求其支付90万元租金本金与迟延履行的利息；而甲公司则主张60万元维修款的抵销。法院最终判决：支持枫桥公司诉讼请求，甲公司偿还租金90万元和利息（按照同期利息计算），恒通公司承担连带责任。恒通公司承担连带责任后可以向甲公司追偿。②

一日，乙公司的合作伙伴丁公司来乙公司办公室洽谈合作项目，欲签订标的额为5000万元的合同。丁公司派来的钱某将车停在枫桥公司停车场，不料大风刮来，大树断了，砸到钱某的车，钱某修车花费数十万元，因修理费问题与乙公司、枫桥公司发生纠纷。据查，写字楼的租户很早之前就曾反映过楼下的树比较危险，需要加固，但枫桥公司没有反应。枫桥公司抗辩自己不知道，法院查出来是枫桥公司的员工忘记将此事记载，枫桥公司确实不知情。乙公司对此事也完全不知情。③因为汽车纠纷一事，丁公司与乙公司关系恶化，最终导致合同没有签订。④

丙公司见甲公司和乙公司与枫桥公司的合同履行不太顺利，于是把第20层楼直接转租给了戊公司。⑤

枫桥公司因为欠债，就把写字楼整体卖给了己公司，但并没有通知甲、乙、丙公司，甲公司欲主张第18层的优先购买权，由此又引发争议。⑥⑦

问题：

1. 恒通公司是否需要对甲、乙、丙公司的租金支付问题承担连带担保责任？

```
                        ┌ 甲公司（恒通公司全资子公司）
         房屋租赁       │
枫桥公司 ─────────────── ┤ 乙公司（恒通公司控股子公司）
  ↑                     │
担保                    └ 丙公司（恒通公司参股子公司）
  │
恒通公司
```

[案情与问题指向分析]

对应案情：从案情开头到标记①。

1. 枫桥公司将三层写字楼分别出租给甲、乙、丙公司。

2. 恒通公司向枫桥公司提供担保，担保甲、乙、丙公司对枫桥公司租金债务的履行。

3. 案情中未出现该项担保已经恒通公司股东会决议的事实。

4. 问题的指向是：恒通公司未经股东会决议，为甲、乙、丙公司租金债务所提供的担保，是否有效？

[考点]

1. 原则上，公司未经内部决议为他人债务担保，相对人不能证明自己善意的，担保合同无效，公司不承担担保责任。

2. 非上市公司为全资子公司经营活动所负债务提供担保的除外。

[判断]

1. 案情中未表明恒通公司是否为上市公司，推定为其不是上市公司。

2. 案情中未表明甲、乙、丙公司的租金债务是否为经营活动的负债，推定为其是经营活动的负债。

结论：①甲公司是恒通公司的全资子公司，故恒通公司为甲公司租金提供的担保，有效。②乙、丙公司并非恒通公司的全资子公司，故恒通公司为乙、丙公司提供的担保，枫桥公司能够证明自己善意的，有效；否则，担保无效。

[作答]

（1）恒通公司应对甲公司的租金债务承担连带担保责任。因为甲公司是恒通公司的全资子公司，所以恒通公司为甲公司的租金债务担保，无需股东会决议，该担保有效。

（2）恒通公司未必对乙、丙公司的租金债务承担连带担保责任。因为乙、丙公司并非恒通公司的全资子公司，所以恒通公司为乙、丙公司的租金债务提供担保，应当经恒通公司股东会决议。在未经恒通公司股东会决议的情况下，枫桥公司善意的，该担保有效；枫桥公司恶意的，该担保无效。

2. 枫桥公司主张 30 万元属于另一个合同款项的事实，如法院无法完成自由心证，应如何判决？为什么？

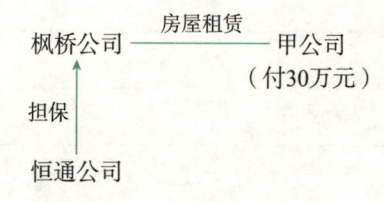

```
              房屋租赁
枫桥公司 ─────────── 甲公司
                   （付30万元）
   │
  担保
   │
恒通公司
```

[案情与问题指向分析]

对应案情：从标记①到标记②。

1. 根据枫桥公司和甲公司的租赁合同，甲公司应向枫桥公司支付租金 90 万元。

2. 甲公司花费 60 万元修理通风设备。

3. 甲公司认为：

（1）根据修理通风设备的事实，自己花费的 60 万元，有权请求枫桥公司偿付。

（2）根据租赁合同，自己应向枫桥公司支付租金 90 万元。

```
                      ①      （支付租金90万元）
       枫桥公司  ←――――――→  甲公司
      （返还维修费60万元）  ②
```

（3）甲公司主张抵销，故只向枫桥公司支付租金 30 万元。

4. 枫桥公司认为：

（1）甲公司维修通风设备的 60 万元，自己不应当承担；

（2）甲公司已付的 30 万元，是偿还自己与甲公司另一法律关系中的债务；

（3）因此，甲公司应支付 90 万元的租金，恒通公司应承担连带担保责任。

5. 问题的指向是：甲公司向枫桥公司所支付的 30 万元，究竟是支付租金，还是偿还另一法律关系中的债务？

[考点]

债务人负担数笔同种类债务的履行：

1. 有约定，从其约定。

2. 无约定的，优先履行已经到期的债务。

3. 数项债务均到期的，优先履行对债权人缺乏担保或者担保最少的债务。

4. 均无担保或者担保相等的，优先履行债务人负担较重的债务。

5. 负担相同的，按照债务到期的先后顺序履行。

6. 到期时间相同的，按照债务比例履行。

[判断]

1. 本题中，法院"无法完成自由心证"，意思是"上述1. 有约定，从其约定"之规则无法适用，即法院无法查明甲公司所支付的 30 万元究竟是支付租金，还是偿还另一法律关系中的债务。

2. 此时，法院应根据上述"2"~"6"之规则进行判决。

[作答]

法院应按照如下规则判决：①优先履行已经到期的债务；②数项债务均到期的，优先履行对债权人缺乏担保或者担保最少的债务；③均无担保或者担保相等的，优先履行债务人负担较重的债务；④负担相同的，按照债务到期的先后顺序履行；⑤到期时间相同的，按照债务比例履行。

3. 钱某的汽车的损失由谁承担？为什么？

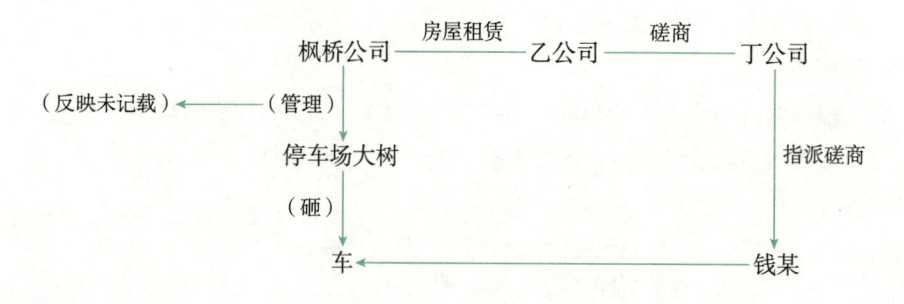

```
                  房屋租赁          磋商
        枫桥公司 ──────── 乙公司 ──────── 丁公司
           │
（反映未记载）←（管理）                    │指派磋商
           ↓                              
        停车场大树                        
           │                              ↓
          （砸）                         钱某
           ↓                              │
           车 ←──────────────────────────┘
```

[案情与问题指向分析]

对应案情：从标记②到标记③。

1. 乙公司租赁枫桥公司的房屋。
2. 枫桥公司管理停车场。
3. 停车场大树断掉，砸坏了钱某的汽车。
4. 枫桥公司工作人员接到"危险反映"但未记载。
5. 钱某是丁公司派来和乙公司谈合同的。
6. 问题的指向是：钱某汽车的损害，由枫桥公司赔，还是由乙公司赔？

[考点]

1. 林木折断致人损害的侵权责任

林木折断致人损害的，林木的所有人或管理人承担过错推定责任。

2. 职务行为

工作人员执行职务中的过错，为单位的过错。

[判断]

乙公司是否承担赔偿责任？

1. 乙公司不是停车场的管理人，不承担林木折断致人损害的责任。

2. 枫桥公司是停车场的管理人，不能证明自己没有过错的，承担林木折断致人损害的责任。

3. 本题中，枫桥公司工作人员"接到反映未记载"的事实，构成枫桥公司的过错。

结论：枫桥公司应当对钱某的损害承担侵权责任。

[作答]

由枫桥公司承担。因为枫桥公司是停车场的管理人，应承担停车场林木折断致人损害的过错推定责任。"枫桥公司的员工忘记将此事记载"之事实，构成枫桥公司的过错，所以枫桥公司应承担侵权赔偿责任。

4. 丁公司5000万元的合同最终没签订，能否要求赔偿？为什么？

[案情与问题指向分析]

对应案情：从标记③到标记④。

1. 丁公司指派钱某与乙公司磋商合同。
2. 因钱某汽车被树砸坏之事，丁公司与乙公司磋商失败。
3. 枫桥公司对此事具有过错。
4. 乙公司不知道停车场树木危险之事。
5. 问题的指向是：

（1）丁公司可否因磋商失败请求枫桥公司赔偿损失？

（2）丁公司可否因磋商失败请求乙公司赔偿损失？

[考点]

1. 林木折断致人损害的侵权责任

林木折断致人损害的，林木的所有人或管理人承担过错推定责任。

2. 缔约过失责任

（1）一方在缔约中违反先合同义务，应承担缔约过失责任；

（2）违反先合同义务，是指存在违反诚实信用原则的行为，如违反告知义务。

[判断]

1. 丁公司能否请求枫桥公司赔偿损失？

（1）枫桥公司和丁公司之间没有合同关系，也没有缔约关系，所以丁公司请求枫桥公司承担赔偿责任只能依据林木折断致人损害的侵权责任；

（2）本案中，因林木折断遭受损害的受害人是钱某，而不是丁公司，所以，丁公司因磋商失败遭受的损失与枫桥公司疏于管理的行为之间没有因果关系。

结论：丁公司无权基于侵权责任请求枫桥公司赔偿磋商失败的损失。

2. 丁公司能否请求乙公司赔偿损失？

（1）乙公司并非停车场的管理人，但其与丁公司之间存在磋商关系，所以丁公司请求乙公司承担赔偿责任只能依据缔约过失责任；

（2）"乙公司对停车场大树危险之事不知情"的案情，表明乙公司对自己与丁公司的磋商失败，未违反"告知"的先合同义务，无需承担缔约过失责任。

结论：丁公司无权基于缔约过失责任请求乙公司赔偿磋商失败的损失。

[作答]

不能。①丁公司不能请求枫桥公司赔偿损失。因为枫桥公司疏于管理的行为与丁公司磋商失败的损失之间不存在因果关系,所以丁公司不能基于侵权责任请求枫桥公司赔偿磋商失败的损失。②丁公司不能请求乙公司赔偿损失。因为乙公司对停车场大树危险之事不知情,未违反"告知"的先合同义务,所以丁公司不能基于缔约过失责任请求乙公司赔偿磋商失败的损失。

5. 丙公司能否将第 20 层转租给戊公司?为什么?

枫桥公司 ——出租—— 丙公司 ——转租—— 戊公司
(未同意转租)

[案情与问题指向分析]

对应案情:从标记④到标记⑤。

1. 枫桥公司将房屋出租给丙公司。
2. 丙公司未经枫桥公司同意,将房屋转租给戊公司。
3. 问题的指向是:丙公司向戊公司转租的行为是否具有正当性?

[考点]

承租人非法转租的后果：

1. 出租人有权在知道或应当知道承租人转租之日起 6 个月内，解除与承租人的租赁合同。

2. 出租人与承租人的租赁合同解除后，出租人有权请求次承租人返还租赁物。

[判断]

1. 丙公司未经枫桥公司同意，不能擅自转租。

2. 枫桥公司有权自知道或应当知道丙公司转租之日起 6 个月内，解除与丙公司的租赁合同，并请求戊公司返还租赁物。

[作答]

不能。因为枫桥公司并未同意承租人丙公司转租，丙公司转租给戊公司的行为性质为非法转租，枫桥公司有权解除与丙公司之间的租赁合同，并有权请求戊公司返还租赁物。

6. 写字楼转让后原租赁合同是否视为解除？为什么？

```
              ①出租并交付
枫桥公司 ──────────── 甲、乙、丙公司
   │
   │②转让
   ↓
  己公司
```

[案情与问题指向分析]

对应案情：从标记⑤到标记⑥。

1. 枫桥公司将房屋出租给甲、乙、丙公司，并交付使用。
2. 租期内，枫桥公司又将房屋转让给己公司。
3. 问题的指向是：甲、乙、丙公司能否主张买卖不破租赁的保护？

[考点]

买卖不破租赁：

1. 租赁期间，租赁物所有权变动的，占有租赁物的承租人有权主张继续承租。
2. 限制
（1）租赁前，租赁物已经抵押且登记；
（2）租赁前，租赁物已经抵押但未登记，承租人为恶意；
（3）租赁前，租赁物已经被查封、扣押。

[判断]

1. 甲、乙、丙公司已经占有租赁物，枫桥公司在租期内转让租赁物给己公司，甲、乙、丙公司可主张买卖不破租赁的保护。
2. 租赁物不存在被抵押或查封、扣押的情况，故不存在买卖不破租赁的限制。

[作答]

否。因为枫桥公司在租期内转让租赁物，已经占有租赁物的甲、乙、丙公司可以主张买卖不破租赁之保护，所以枫桥公司与甲、乙、丙公司之间的租赁合同并未解除。

7. 甲公司对第18层是否具有优先购买权？为什么？

```
              ①第18层出租
   枫桥公司 ——————————— 甲公司
      │
   ②整体转让
      │
      ↓
   己公司
```

[案情与问题指向分析]

对应案情：从标记⑤到标记⑦，与第6问相同，故属于就同一案情的第二次设问。

1. 枫桥公司将第18层出租给甲公司，并交付使用。

2. 租期内，枫桥公司又将房屋整体转让给己公司。

3. 问题的指向是：建筑物整体转让时，部分承租人能否主张优先购买权？

[考点]

承租人的优先购买权：

1. 租期内，租赁房屋发生转让的，承租人在同等条件下，享有优先购买权。

2. 限制

（1）共有人主张优先购买权；

（2）出租人转让租赁物给近亲属；

（3）受让人已经办理过户登记；

（4）承租人收到通知后15日内未表示购买；

（5）承租人未参加拍卖。

[判断]

1. 本题中不存在优先购买权的限制。

2. 因己公司是就建筑物的整体出价，而甲公司并非建筑物整体的承租人，只能就承租的第18层出价，故无法做到"同等条件"。

结论：甲公司不能主张优先购买权。

[作答]

不能。因为己公司是就建筑物的整体出价，而甲公司并非建筑物整体的承租人，只能就承租的第18层出价，甲公司与己公司不具备"同等条件"，所以甲公司不能主张优先购买权。

2021 年主观题回忆版（延考卷）

案情：

张大明与李小丽结婚，育有一子，取名张晓晓（8 岁），双方因感情不和离婚。后李小丽因涉嫌贩毒被收监服刑，张晓晓随父亲张大明一起住在蓝城小区 A105 号楼，此楼共有 12 层。后张大明发现张晓晓并非自己的亲生子，张大明为此多次去监狱询问孩子的父亲到底是谁，李小丽始终缄口不言。李小丽的父母生活拮据没有抚养能力。①

张大明的妹妹张水悦与王旭龙结婚，二人育有一子王小淘（比张晓晓大 1 周），两个孩子关系很好。某日，张水悦全家到哥哥张大明家做客，张晓晓和王小淘想要出去玩，王旭龙叮嘱他们不要去高层，不要高空抛物。但是张晓晓和王小淘却来到了楼顶，楼顶的两个灭火器没固定好，于是两人为教训物业，就各自将其中一个灭火器推下去。一个灭火器掉下去之后，正好掉到遛弯的郝源面前，郝源受惊吓摔伤。物业公司看了监控录像，但看不清导致损害的灭火器是哪一个孩子推下来的。

经查，郝源本来是在茶餐厅等客户，打算签订 100 万元的合同。郝源先到了，感觉无聊，就把商家的收款二维码换成了自己的，然后就出去遛弯，路过蓝城小区，想进去看看，就骗门卫说自己是业主（物业与业主有协议说不能放外人进小区，除非登记），保安当时正在接电话，没有进行登记就违规放郝源进入小区。②郝源进去之后看见路上有人晾陈皮（查不到是谁晾的），还有一户空调漏水，所以郝源得贴着墙走，就被楼上掉下的灭火器吓到了，因此摔伤。③郝源因摔伤没能及时赶回茶餐厅，谈判对方已经离开。因郝源偷换茶餐厅收费二维码，使其在住院期间不断收到茶餐厅的收益近万元。④

郝源将王小淘和张晓晓以及他们的父母起诉至法院，要求其赔偿医疗费以及因此没有签订合同的 100 万元可得利益损失，并赔礼道歉。⑤一审法院判决被告赔偿郝源的医疗费损失并赔礼道歉。一审判决送交了张水悦，彼时张水悦正在与丈夫争议责任如何分担的问题，于是忘了将判决书交给哥哥张大明，导致上诉期已过。执行中张水悦和郝源达成了和解，只需要多赔偿 10 万元，就不需要赔礼道歉了。但是执行期满后张水悦没筹够钱，晚了一周才支付过去，郝源已经申请了恢复执行，要求对方赔礼道歉。

问题：

1. 张晓晓的监护人是谁？为什么？

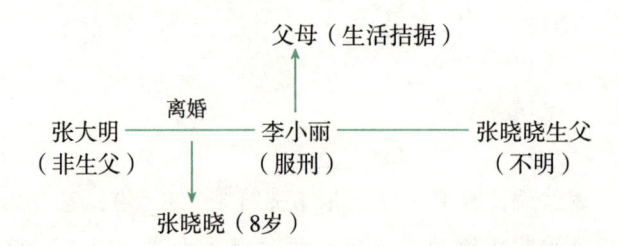

```
                    父母（生活拮据）
                         ↑
        离婚
张大明 ——————— 李小丽 ——————— 张晓晓生父
（非生父）      （服刑）          （不明）
                ↓
            张晓晓（8岁）
```

[**案情与问题指向分析**]

对应案情：从案情开头到标记①。

问题的指向是：

1. 正在服刑的张晓晓的生母李小丽，是否为张晓晓的监护人？
2. 不能查明的张晓晓的生父，是否为张晓晓的监护人？
3. 与张晓晓共同生活的张大明，是否为张晓晓的监护人？
4. 生活拮据的李小丽的父母，是否为张晓晓的监护人？

[**考点**]

1. 监护人的确定

（1）未成年人的父母是未成年人的当然监护人；

（2）未成年人没有当然监护人，"其他个人"愿意担任监护人的，经居委会、村委会或民政部门的同意，可以担任监护人；

（3）无人担任监护人的，未成年人住所地的居委会、村委会或民政部门担任监护人。

2. 监护能力

（1）没有监护能力的人，不能担任监护人。

（2）监护人丧失监护能力的，仍为监护人。但经撤销权人向法院申请，可以撤销其监护人资格。

[判断]

1. 李小丽和张晓晓的生父

（1）为张晓晓的当然监护人；

（2）因李小丽正在服刑，张晓晓的生父不能查明，二人均无法履行监护人职责，故撤销权人可申请予以撤销。

2. 张大明

（1）为"其他个人"；

（2）在李小丽和张晓晓的生父的当然监护人资格被撤销后，若其愿意，并经居委会、村委会或民政部门的同意，可以担任监护人。

3. 李小丽的父母：因生活拮据，没有监护能力，不能担任监护人。

[作答]

1. 李小丽及张晓晓的生父，为张晓晓的当然监护人。但是，李小丽被收监、张晓晓的生父不明，二人均不能履行监护职责，经撤销权人申请，法院可以撤销其当然监护人资格。

2. 李小丽及张晓晓生父的当然监护人资格被撤销后，张大明作为"其他个人"，愿意担任监护人的，经居委会、村委会或民政部门的同意，可以担任张晓晓的监护人。

3. 李小丽的父母，因经济拮据，不具有监护能力，故不得担任监护人。

4. 李小丽及张晓晓的生父的监护资格被撤销后，无人担任监护人的，由张晓晓住所地的居委会、村委会或民政部门担任监护人。

2. 物业对业主是否存在违约责任？为什么？

业主（业委会）——物业服务合同——物业
①灭火器未固定好
②郝源进小区未登记

[案情与问题指向分析]

对应案情：从标记①到标记②。

1. 本题中，并无小区物业与他人订立合同的特殊案情，所以问题中的"违约责任"是就该小区业主与物业所订立的物业服务合同而言的。

2. 本题中，涉及物业的案情有二：①楼顶的灭火器未固定好；②郝源进小区未登记。

3. 问题的指向是：物业的上述行为，相对于物业服务合同而言，是否构成违约？

[考点]

债务人未履行合同债务，即构成违约。

[判断]

保障小区设施完好、严格门卫管理，应是物业服务合同中物业一方的债务。物业未履行上述债务，构成违约，应承担违约责任。

[作答]

是。因为保障小区设施完好、严格门卫管理，应是物业服务合同中物业一方的债务，物业未固定好灭火器、郝源进小区未登记的事实，表明物业未履行上述债务，所以物业构成违约，应向业主承担违约责任。

3. 郝源除了找孩子及其家长索赔，还可以找谁承担赔偿责任？

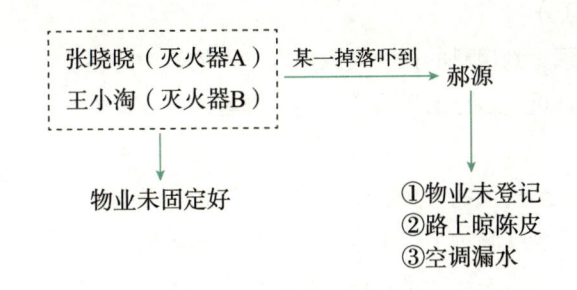

```
┌─────────────────┐
│ 张晓晓（灭火器A）│  某一掉落吓到
│ 王小淘（灭火器B）│ ─────────────→  郝源
└─────────────────┘                    │
         │                             ↓
         ↓                        ①物业未登记
    物业未固定好                   ②路上晾陈皮
                                  ③空调漏水
```

✎ _____

_____

_____

_____

_____

_____

_____

_____

_____

_____

[案情与问题指向分析]

对应案情：从标记②到标记③。

1. 张晓晓、王小淘从楼顶各推下一个灭火器，但只有一个灭火器致郝源损害，且不知是谁推下去的灭火器，故张晓晓、王小淘构成共同危险侵权，致害人及其监护人应承担连带责任。

2. 在共同危险侵权中，还掺杂着一系列的"其他事实"，包括：

（1）物业未将灭火器固定好，且郝源进入小区没有登记；

（2）有业主在路上晾陈皮；

（3）有业主家空调漏水。

3. 问题的指向是：上述"其他事实"的行为人，对郝源所遭受的损害，是否具有过错？

[考点]

过错与意外的区分：

1. 行为人能够预见到自己的行为会致他人损害的，为过错。

2. 行为人无法预见到自己的行为会致他人损害的，为意外。

[判断]

1. 物业应当预见到楼顶的灭火器未固定好会导致他人损害。

2. 物业无法预见到郝源进小区未登记会导致其受到损害。

3. 路上晾陈皮的业主无法预见到自己晾陈皮会导致他人损害。

4. 空调漏水的业主无法预见到自己的空调漏水会导致他人损害。

结论：物业没有固定好灭火器，具有过错。

[作答]

小区物业。因为物业未将楼顶的灭火器固定好，具有过错，所以张晓晓、王小淘构成共同危险侵权，孩子及其监护人应承担连带责任，同时小区物业也应承担相应的赔偿责任。

4. 茶餐厅可以对郝源主张哪些请求权？为什么？

茶餐厅────────郝源
　　　　换收款码、获得收益

[案情与问题指向分析]

对应案情：从标记③到标记④。

问题的指向是：郝源偷换茶餐厅的收款码，获利近万元，对茶餐厅构成什么？

[考点]

1. 过错方侵害他人财产权利，致人损害的，应承担侵权赔偿责任。
2. 没有法律依据获得利益，致他人受损的，应返还不当得利。
3. 缔约过程中，缔约一方违反先合同义务，致对方损害的，应承担缔约过失责任。

[判断]

1. 郝源更换收款码的行为构成故意侵权行为，给茶餐厅造成了财产损害，故其需承担侵权责任。
2. 郝源获得本属于茶餐厅的收益，没有法律依据，并导致茶餐厅受损害，构成不当得利，应予返还。
3. 郝源进入茶餐厅，即与茶餐厅构成缔约关系。在此过程中，郝源更换收款码，违反诚信原则加害缔约对方，属于违反先合同义务，故其应承担缔约过失责任。

[作答]

可主张三种请求权：①侵权损害赔偿请求权。因为郝源更换收款码的行为构成故意侵权，给茶餐厅造成了财产损失，所以茶餐厅可主张侵权损害赔偿请求权。②不当得利返还请求权。因为郝源获得本属于茶餐厅的收益，没有法律依据，并导致茶餐厅遭受损失，所以茶餐厅可以主张不当得利返还请求权。③缔约过失责任请求权。郝源进入茶餐厅，即与茶餐厅构成缔约关系。在此过程中，郝源更换收款码，违反诚信原则加害缔约对方，属于违反先合同义务，所以茶餐厅可主张缔约过失责任请求权。茶餐厅构成请求权竞合，上述三种请求权，可择一主张。

5. 郝源主张因未签订合同导致的 100 万元可得利益损失，能否得到支持？为什么？

张晓晓（灭火器A）
王小淘（灭火器B） } 某一掉落吓到 → 郝源 ↓ 丧失交易机会

[案情与问题指向分析]

对应案情：从标记④到标记⑤。

问题的指向是：张晓晓、王小淘构成共同危险侵权，是否应当赔偿郝源的可得利益损失？

[考点]

可得利益损失的赔偿，是违约赔偿所独有，不属于侵权损害赔偿的范围。

[判断]

郝源对张晓晓、王小淘及其监护人的损害赔偿请求权，是侵权损害赔偿请求权，不能主张可得利益损失的赔偿。

[作答]

不可以。因为郝源对两个孩子及其监护人的损害赔偿请求权，是侵权损害赔偿请求权，侵权损害赔偿的范围不包括可得利益损失，所以郝源不得主张赔偿可得利益损失。

2020年主观题回忆版

案情：

甲公司（位于西上市东河区）有A、B两个股东，各占比50%股权。乙公司（位于东下市西河区）是从事房地产开发的公司，乙公司是成明公司设立的全资子公司。A和B以个人的名义找到乙公司并与乙公司协商，A和B以甲公司享有的某地块的土地使用权向乙公司出资，乙公司设立承接开发的项目公司，达成合作开发协议并约定如下：①以乙公司为项目运营的商事主体；②A和B不涉及乙公司的管理事务，由乙公司全权负责房地产开发管理（包括投资、以土地使用权设定抵押、建设工程等），准备相应资质权证等；③A和B分别占有乙公司20%的股份，待房地产开发完可以分得总共40%的房产；④A和B分得房产后，即应无偿将其持有的股权转回乙公司名下；⑤约定如因履行协议发生争议，由被告所在地法院管辖。协议签订后，双方当事人对乙公司的股权进行了变更，并根据股权的调整完成了工商变更登记。①

乙公司为建设工程施工，与丙公司签订融资租赁合同，租赁2台铲车，租期5年，每年25万元，但未办理登记。后又将自己现有的以及将有的财产（包括2台铲车）与丁公司签订动产浮动抵押合同，并办理登记，借款2亿元，借期5年。自然人C、D明确表示为乙公司提供连带责任保证，丁公司接受。②

乙公司为了暂时缓解资金压力，将2台铲车出售给自然人E，E支付了1950万元货款，并取得铲车。但这2台铲车在使用过程中，经常出现质量问题，E一直与乙公司交涉未果。③④

之后为了获取更多融资款，乙公司又与戊信托商签订信托计划，向戊公司借款1亿元，借期5年。丑用自己的房屋（价值1500万元）为乙公司提供抵押担保，办理了登记，子为乙公司提供保证，但子和丑并不知道对方的存在。⑤

楼盘建成后，乙公司陆续对外销售15%的房屋。⑥将建成的房屋出售给自然人F，F在取得房屋后，发现房屋的面积、容积率、配套设施均与宣传有很大差距。F发现房屋与合同约定的事项不一致，欲向乙公司索赔。乙公司一直推脱。⑦

A和B发现乙公司大规模融资，又迅速对外销售大量房屋，对乙公司的行为产生怀疑。⑧于是请求乙公司为其办理40%房屋的所有权登记，乙公司一直忙于其他事务，对A、B的请求置之不理。后A、B见请求无望，以乙公司违约为由将其诉至西河区法院，后A、B经过协商，撤回了起诉，法院予以准许。

乙公司为了响应《民法典》的贯彻落实，与辛社会福利机构签订了每年捐赠1000万元的赠与合同，并经过当地的记者、新闻报道。乙公司完成了当年的赠与。⑨

之后，因为乙公司资金出现问题，A、B申请乙公司破产，管理人接管了乙公司。

问题：

1. A、B与乙公司交易的性质如何界定？在甲公司无法清偿其债务时，甲公司的债权人能否直接请求A、B承担连带责任？为什么？

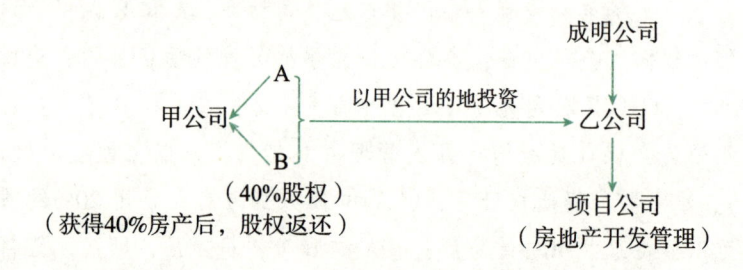

```
                              成明公司
                                 │
         A                       ↓
甲公司 ⟨   ──以甲公司的地投资──→ 乙公司
         B                       │
       （40%股权）                ↓
 （获得40%房产后，股权返还）    项目公司
                            （房地产开发管理）
```

[案情与问题指向分析]

对应案情：从案情开头到标记①。

1. A、B以甲公司某块地的土地使用权向乙公司出资，分别获得乙公司20%的股权。

2. 乙公司设立项目公司，负责房地产开发管理。乙公司负责项目公司的运营。

3. 开发完成后，A、B 应获得 40% 的房产。

4. A、B 获得 40% 的房产后，将共计 40% 的乙公司股份返还给乙公司。

5. 问题的指向是：

（1）A、B 各获得乙公司 20% 的股权并在获得 40% 房产后向乙公司返还该股权，与乙公司向 A、B 给付 40% 房产之间，关系是什么？

（2）A、B 以甲公司某块地的土地使用权向乙公司出资的行为，对于甲公司的债权人而言，意味着什么？

[考点]

1. 先让与担保的含义：债务人将财产权利转移给债权人，并约定在债务履行后，债权人向债务人返还该财产的，为先让与担保。

2. 公司人格否认：股东滥用公司法人人格、有限责任，与公司人格混同，损害公司利益，进而损害公司债权人利益的，债权人有权请求股东对公司债务承担连带责任。

[判断]

1. 第 1 问：A、B 与乙公司交易的性质如何界定？

（1）根据 A、B 与乙公司的协议，乙公司负担向 A、B 给付 40% 房产的债务；

（2）乙公司将共计 40% 的股权转移至 A、B 名下，并在乙公司履行债务后，A、B 向乙公司返还股权，表明乙公司是以其 40% 的股权向 A、B 担保自己债务的履行，构成先让与担保。

2. 第 2 问：在甲公司无法清偿其债务时，甲公司的债权人能否直接请求 A、B 承担连带责任？

（1）A、B 是甲公司的全部股东；

（2）A、B 以甲公司某块地的土地使用权为自己的利益出资，滥用了其股东权利，与甲公司人格混同，损害了甲公司利益，符合公司人格否认的条件；

（3）在甲公司无法清偿其债务时，甲公司的债权人可以直接请求 A、B 承担连带责任。

[作答]

（1）先让与担保。因为乙公司负担给付 40% 的房产的债务，而乙公司将 40% 的股权分别移转至 A、B 名下，待乙公司履行债务后，再行返还，目的在于用该股权担保自己债务的履行，所以构成先让与担保。

（2）能。因为 A、B 作为甲公司的股东，将甲公司拥有的某块地的土地使用权用作自己的出资，构成滥用控股股东身份，与公司人格混同，损害公司利益，所以甲公司的债权人有权基于公司人格否认的规定，直接请求 A、B 对甲公司的债务承担连带责任。

2. 丁公司如何主张自己的担保权？自然人 C、D 为乙公司提供连带保证责任，其诉讼地位如何列明？为什么？

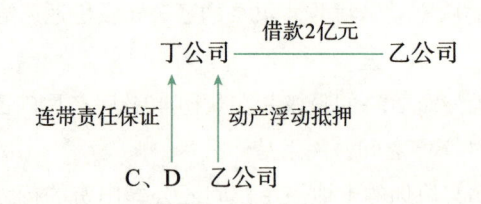

```
                    借款2亿元
          丁公司 ─────────── 乙公司
            ↑               ↑
       连带责任保证      动产浮动抵押
            │               │
          C、D            乙公司
```

[案情与问题指向分析]

对应案情：从标记①到标记②。

1. 丁公司借给乙公司 2 亿元。

2. 乙公司向丁公司设立动产浮动抵押；C、D 向丁公司提供连带责任保证。

3. 问题的指向是：如果乙公司到期不向丁公司偿还借款本息，丁公司行使担保权时，先找谁？

[考点]

1. 混合担保中，各担保人没有与债权人约定各自承担担保责任的份额和顺序的，债权人应当先就债务人提供的物保受偿。

2. 债权人以诉讼方式行使担保权的，应将债务人、各担保人列为共同被告。

[判断]

1. 丁公司对乙公司享有的债权，既有乙公司（债务人）的动产浮动抵押担保，又有 C、D 的保证担保，乙公司、C、D 并未与丁公司约定各自承担担保责任的份额、顺序，丁公司应先就乙公司提供的动产浮动抵押受偿。

2. 丁公司起诉行使担保权的，应将 C、D 列为共同被告。

[作答]

（1）丁公司应当先就乙公司提供的动产浮动抵押行使担保权，不足部分，再请求 C、D 承担连带保证责任。因为乙公司、C、D 形成混合担保，各担保人未与债权人约定各自承担担保责任的份额和顺序，债权人应先实现债务人提供的物保。

（2）债权人丁公司起诉连带责任保证人 C、D 的，应将其列为共同被告。

3. 自然人 E 取得铲车后发现铲车出现质量问题，应向谁主张违约责任？为什么？

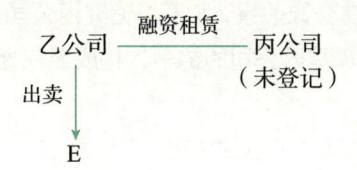

```
              融资租赁
       乙公司 ────────── 丙公司
        │              （未登记）
     出卖│
        ▼
        E
```

[案情与问题指向分析]

对应案情：从标记②到标记③。

1. 乙公司通过融资租赁合同，让丙公司为其购买铲车，铲车的所有权归丙公司。
2. 乙公司将铲车出卖给 E。
3. 铲车质量有问题。
4. 问题的指向是：
(1) E 能否追究丙公司的违约责任？
(2) E 能否追究乙公司的违约责任？

[考点]

1. 合同的相对性：合同只约束合同双方，债权人只能追究合同对方的违约责任。
2. 无权处分的债权合同，有效。

[判断]

1. E 与丙公司之间不存在合同关系，E 不得追究丙公司的违约责任。
2. 乙公司向 E 出卖的铲车是丙公司的铲车，构成无权处分，但不影响买卖合同的债权效力。

结论：乙公司对 E 构成买卖合同上的违约。

[作答]

E 有权向乙公司主张违约责任。因为铲车买卖合同的双方是乙公司和 E，尽管乙公司将自己承租的融资租赁物出卖给 E，构成无权处分，但这并不影响买卖合同的效力，所以 E 有权根据买卖合同请求乙公司承担违约责任。

4. 丁公司的抵押权能否对抗自然人 E？为什么？

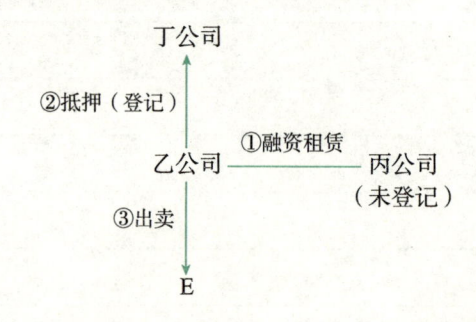

```
                丁公司
                  ↑
          ②抵押（登记）
                  │         ①融资租赁
                乙公司 ────────────── 丙公司
                  │                  （未登记）
               ③出卖
                  ↓
                  E
```

[案情与问题指向分析]

对应案情：从标记②到标记④，与第3问相同，故属于就同一案情的第二次设问。

1. 乙公司通过融资租赁合同让丙公司为其购买铲车，铲车的所有权归丙公司。
2. 丙公司的融资租赁所有权未登记。
3. 乙公司将铲车抵押给丁公司，并登记。
4. 乙公司又将铲车出卖给E，已经交付。
5. 问题的指向是：
（1）丁公司能否取得抵押权？
（2）E能否取得所有权？
（3）E取得所有权后，对丁公司的抵押权是否产生影响？

[考点]

1. 动产物权的善意取得

无权处分人处分其占有的动产，受让人善意的，可以善意取得。

2. 登记的抵押权的对抗规则

（1）原则：登记的抵押权可以对抗抵押物受让人；
（2）例外：抵押物受让人构成正常买受人的除外。

3. 正常买受人的条件

抵押人在正常经营活动中将抵押物出卖给受让人（产品抵押后销售），受让人支付了合理对价，并取得抵押物的，构成正常买受人。

[判断]

1. 铲车是丙公司的。

（1）乙公司抵押铲车给丁公司，构成无权处分，但因丙公司的融资租赁所有权未登

记,而乙公司占有铲车,故丁公司可以善意取得该铲车的抵押权;

(2)乙公司出卖铲车给 E,也构成无权处分,但因丙公司的融资租赁所有权未登记,而乙公司占有铲车,故 E 可以善意取得该铲车的所有权。

2. 因乙公司并非销售铲车的公司,故乙公司出卖铲车给 E 的行为不构成正常经营活动,E 不构成正常买受人。

3. 既然 E 不构成正常买受人,而且丁公司的抵押权已经登记,那么丁公司的抵押权就可以对抗 E。

[作答]

可以。①因为铲车归丙公司所有,乙公司将铲车抵押给丁公司并出卖给 E 的行为,构成无权处分,但丙公司的融资租赁所有权未登记,而乙公司占有铲车,所以丁公司、E 分别可以善意取得铲车的抵押权与所有权;②因为乙公司出卖铲车的行为不构成正常经营活动,所以 E 不构成正常买受人;③因为丁公司的抵押权已经登记,所以可以对抗受让人 E。

5. 戊公司如何行使抵押权?如果丑为了自己的房产不被执行,代乙公司归还了 1500 万元债务,则其对子享有什么权利?为什么?

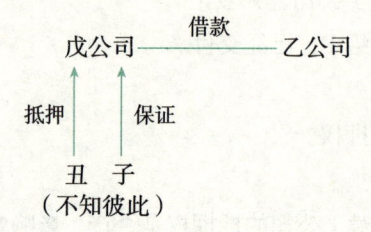

```
          戊公司 ——借款—— 乙公司
            ↑        ↑
           抵押      保证
            丑        子
          (不知彼此)
```

[案情与问题指向分析]

对应案情：从标记④到标记⑤。

1. 戊公司对乙公司有借款债权。

2. 丑提供抵押，子提供保证。

3. 问题的指向是：

（1）如果乙公司到期不向戊公司偿还借款本息，戊公司对丑的抵押权应如何行使？

（2）如果丑代乙公司偿还借款：

❶丑代乙公司偿还借款的行为，性质如何认定？

❷后果如何？

[考点]

1. 抵押担保责任的承担方式是就抵押物变价，使债权人优先受偿。

2. 第三担保人之间分担请求权的前提

（1）部分第三担保人承担了"担保责任"。

（2）第三担保人之间约定可分担或约定承担连带担保责任；或在同一合同上签字。

3. 第三人代为履行的后果是，在代为履行的范围内取得"债权人的权利"，包括：

（1）取得债权人的债权，即代为履行的第三人有权向债务人追偿；

（2）取得债权人的担保权，即代为履行的第三人对债务人的追偿权可受到债权人原本享有的债权的担保。

[判断]

1. 第1问：戊公司如何行使抵押权？

（1）抵押权的行使方式是就抵押物变价，并优先受偿。

（2）抵押权人与抵押人可以协商实现抵押权；协商不成的，抵押权人也可通过起诉行使抵押权。

2. 第2问：如果丑为了自己的房产不被执行，代乙公司归还了1500万元债务，则其对子享有什么权利？

（1）丑为了自己的房产不被执行，代乙公司归还了1500万元债务，并非承担抵押担保责任，而是第三人代为履行。

（2）既然是第三人代为履行，那么丑可取得"债权人的权利"：

❶丑对乙公司享有追偿权；

❷丑对乙公司的追偿权可受到子所提供的保证的担保。

（3）既然不是承担抵押担保责任，丑与子之间就不存在第三担保人之间的分担请求权的判断问题。可见，本题中，丑可请求子对自己的追偿权进行担保，并非是"分担请求权"的结果，而是"代为履行"的结果。

[作答]

（1）戊公司行使抵押权的方式是将抵押物变价，并优先受偿。戊公司可与丑协商实现抵押权；协商不成的，也可通过诉讼实现抵押权。

（2）丑对子享有保证权。因为丑作为抵押人代乙公司偿还借款，性质是代为履行，所以丑可以享有债权人的权利，即对乙公司享有追偿权，并可受到子的保证担保。

6. A 和 B 可否要求撤销乙公司的卖房合同？为什么？

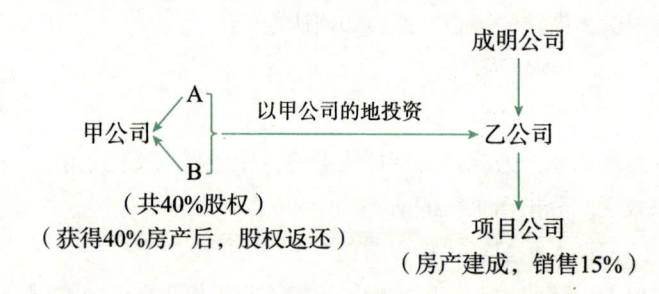

```
                            成明公司
                              ↓
     A    以甲公司的地投资
甲公司 <      ─────────────→   乙公司
     B                         ↓
  （共40%股权）              项目公司
（获得40%房产后，股权返还）  （房产建成，销售15%）
```

[案情与问题指向分析]

对应案情：从标记⑤到标记⑥。

1. A、B 与乙公司的约定是，房产建成后，给 A、B 过户登记 40% 的房产。

2. 乙公司房产建成后，未向 A、B 过户房产，却对外销售 15% 的房产。

3. 问题的指向是：A、B 对乙公司的卖房行为，可否主张债权人的撤销权？

[考点]

债权人行使撤销权的条件：

1. 债务人向第三人的处分行为构成了导致其责任财产减少的不当处分。

2. 债务人向第三人的处分行为损害了债权人的债权。

[判断]

1. 本题并未表明乙公司的卖房行为为无偿或显著低价，故其并非不当处分。

2. 乙公司只卖出 15% 的房产，并未损害债权人的债权。

结论：A、B 不得主张债权人的撤销权。

[作答]

不可以。因为乙公司的卖房行为系等价、有偿的行为，不构成不当处分；且乙公司只对外卖出 15% 的房产，其剩余房产仍可履行对 A、B 的债务，也不构成有损债权，所以 A、B 不得主张撤销乙公司的卖房行为。

7. 自然人 F 取得房屋后，发现面积、容积率、配套设施均与宣传不符，可否向乙公司主张《消费者权益保护法》中 3 倍的惩罚性赔偿？为什么？

$$\text{乙公司} \xrightarrow{\text{房屋买卖}} F$$
（虚假宣传）

[案情与问题指向分析]

对应案情：从标记⑥到标记⑦。

问题的指向是：商品房买卖合同是否适用《消费者权益保护法》中的惩罚性赔偿？

[考点]

商品房买卖合同不适用《消费者权益保护法》的规定。

[判断]

1. 乙公司虚假宣传，构成欺诈。

2. F可主张撤销合同，或主张乙公司承担违约责任，但不得基于《消费者权益保护法》的规定请求乙公司承担惩罚性赔偿。

[作答]

不可以。因为商品房买卖合同不适用《消费者权益保护法》的规定。

8. 乙公司将房屋大规模出售，是否对A、B构成违约？A、B如何救济？为什么？

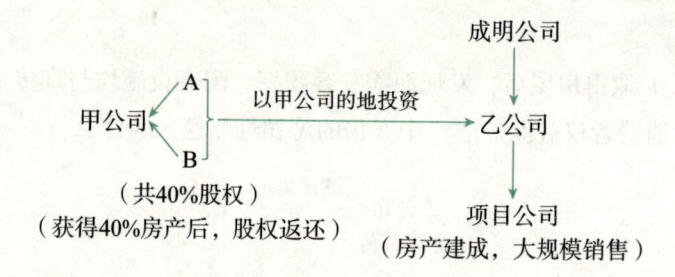

```
                                    成明公司
                                      ↓
        A
甲公司  <      以甲公司的地投资  →   乙公司
        B                             ↓
  （共40%股权）                    项目公司
  （获得40%房产后，股权返还）    （房产建成，大规模销售）
```

[案情与问题指向分析]

对应案情：从标记⑦到标记⑧。

1. A、B 与乙公司的协议是，房产建成，给 A、B 过户 40% 的房产。

2. 现房产建成，乙公司大规模销售。

3. 乙公司以其 40% 的股权为 A、B 设立先让与担保。

4. 问题的指向是：

（1）乙公司大规模销售房屋，相对于其"向 A、B 过户 40% 的房产"的债务而言，是否算违约？

（2）如果构成违约，A、B 有何手段保护自己的合法权益？

[考点]

1. 违约的界定：债务人违反合同债务的，构成违约，应承担违约责任。

2. 先让与担保权的行使：债务人违约的，担保权人可就让与担保物变价，并优先受偿。

[判断]

1. 乙公司对外销售房产达 60% 以上的，构成违约。

2. 乙公司构成违约的：

（1）A、B 可请求乙公司承担违约责任，如继续履行、赔偿损失、违约金等；

（2）A、B 可将乙公司 40% 的股权变价，并优先受偿。

[作答]

（1）乙公司对外销售房产超过 60% 的，构成违约。因为乙公司对 A、B 的债务为将 40% 的房产过户给 A、B，所以倘若乙公司出售的房产超过 60%，则对 A、B 构成违约。

（2）在乙公司构成违约的情况下，A、B 可请求乙公司承担违约责任，并可就乙公司 40% 的股权变价，并优先受偿。因为乙公司构成违约，所以应承担违约责任；又因为乙公司以其股权向 A、B 设立先让与担保，所以 A、B 有权将该股权变价，并优先受偿。

9. 乙公司的债权人能否撤销乙公司的赠与？乙公司自己能否行使任意撤销权撤销自己的赠与？为什么？

债权人 ——— 乙公司 ——赠与—— 辛社会福利机构

[案情与问题指向分析]

对应案情：从标记⑧到标记⑨。

问题的指向是：

1. 针对乙公司对辛社会福利机构的赠与，乙公司的债权人能否行使债权人的撤销权？

2. 针对乙公司对辛社会福利机构的赠与，乙公司自己能否行使赠与人的撤销权？

[考点]

1. 债权人撤销权的要件：债务人在负债期间，向第三人实施导致其责任财产减少的不当处分行为，损害了债权人的债权。

2. 赠与人任意撤销权的要件：无需法定事由，但公证、公益的赠与不得任意撤销。

[判断]

1. 如果乙公司是在对债权人负债之后向辛社会福利机构实施的赠与，且损害了债权人的利益，乙公司的债权人有权撤销该赠与。

2. 因该赠与事关公益，乙公司不得以任意撤销权撤销之。

[作答]

（1）乙公司的债权人在符合债权人撤销权的条件下，即乙公司是在负债期间向辛社会福利机构实施的赠与，损害了债权人的债权的，乙公司的债权人可以撤销该赠与。

（2）乙公司不得任意撤销该赠与。因为乙公司对辛社会福利机构的捐赠属于事关公益的赠与，所以乙公司作为赠与人，不得主张任意撤销权。

2019年主观题回忆版

案情：

甲公司与乙公司之间签订借款合同，由乙公司借给甲公司 800 万元。在债务履行期届满前甲、乙公司又达成了一个以物抵债的协议，约定如果甲公司到期不能履行债务，用甲公司的办公大楼抵债，甲公司将办公楼交付给乙公司使用。①甲公司的债权人丙公司得知该情况后，向法院主张撤销该抵债合同，因为甲公司的办公楼价值 1.2 亿元。②乙公司主张甲公司还有充足的财产可以偿债，故不应支持丙公司的诉讼请求。③

甲公司经营困难，为了筹钱，李某在甲公司的股东张某提供保证的情况下，借款给甲公司。张某的妻子杨某对此并不知情。④

问题：

1. "以物抵债"协议效力如何？

```
              ①借款
乙公司 ——————————————— 甲公司
         ②期满前达成以物抵债协议
```

[案情与问题指向分析]

对应案情：从案情开头到标记①。

问题的指向是：乙公司能否请求甲公司履行抵债协议，交付抵债物？

[考点]

履行期届满前达成的以物抵债协议，没有法律约束力，债权人不得请求债务人履行该抵债协议。

[判断]

本题中，甲、乙公司在债务到期前所达成的以物抵债协议，不具有法律约束力。

[作答]

没有约束力。因为甲、乙公司是在债务履行期满之前达成的以物抵债协议，所以该协议不具有法律约束力。

2. 债权人丙公司申请撤销甲、乙公司之间的协议时，当事人的地位应当如何列明？

```
丙公司 ———————— 甲公司 ———————— 乙公司
（对甲公司有债权）    （1.2亿元抵800万元）
```

[案情与问题指向分析]

对应案情：从标记①到标记②。

1. 丙公司对甲公司有债权，甲公司尚未向丙公司偿还。
2. 甲、乙公司订立以物抵债协议，约定以价值 1.2 亿元的房屋抵债 800 万元。
3. 丙公司起诉行使债权人的撤销权。
4. 问题的指向是：撤销权之诉，当事人如何排列？

[考点]

撤销权之诉的当事人排列：

1. 原告：债权人。
2. 被告：债务人。
3. 第三人：案件中的第三人。原告未列出的，法院可依职权追加。

[判断]

1. 本案债权人丙公司为原告。
2. 本案债务人甲公司为被告。
3. 本案第三人乙公司为第三人。

[作答]

原告为丙公司，被告为甲公司，无独立请求权第三人为乙公司。丙公司未将乙公司列为无独立请求权第三人的，法院可以依职权追加。

3. 乙公司主张的债务人有足够财产是否构成阻碍撤销之诉的理由？为什么？

（仍有足够财产）
丙公司 ———— 甲公司 ———— 乙公司
（对甲公司有债权）　（1.2亿元抵800万元）

[案情与问题指向分析]

对应案情：从标记②到标记③。

1. 丙公司对甲公司有债权，甲公司尚未向丙公司偿还。
2. 甲、乙公司订立以物抵债协议，约定以价值1.2亿元的房屋抵债800万元。
3. 甲公司仍有足够财产偿还对丙公司的债务。
4. 问题的指向是：丙公司能否主张债权人的撤销权？

[考点]

债权人撤销权的行使条件：债务人向第三人不当处分的行为有损债权人利益的，债权人方可提起撤销权之诉。

[判断]

甲公司仍有足够财产，表明甲公司向乙公司的抵债行为无损丙公司的债权，所以丙公司不得提起撤销权之诉。

[作答]

是。因为债务人甲公司有足够财产，可以偿还其对丙公司所负债务，抵债协议无损于丙公司的债权，所以丙公司不得提起撤销权之诉。

4. 张某提供的保证是否属于夫妻共同债务？为什么？

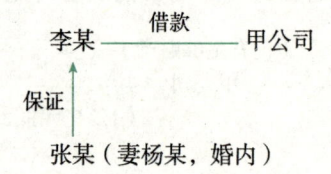

```
                借款
    李某 ——————————— 甲公司
     ↑
    保证
     │
   张某（妻杨某，婚内）
```

[案情与问题指向分析]

对应案情：从标记③到标记④。

1. 保证是一种债权担保，保证权是一种债权，故保证责任是一种债务。
2. 张某在与杨某婚内为李某提供的保证，也是一种婚内负债。
3. 问题的指向是：张某的婚内负债是个人债务，还是夫妻共同债务？

[考点]

婚内负债的归属：

1. 有外部约定的，从其约定。
2. 无外部约定的，看用途，即是否为了夫妻共同生活、共同经营之需要。

[判断]

题目中没有外部约定的案情，也没有为了夫妻共同生活、共同经营的案情，故该笔负债为张某个人负债。

[作答]

否。因为张某与杨某并未约定该笔负债的归属，也不存在该笔负债是为夫妻共同生活、共同经营之目的的事实，所以该笔负债为张某的个人负债。

2018年主观题回忆版

案情：

开发商甲公司中标了某地块的开发权，与建设施工单位乙公司签订建设工程施工合同，由乙公司负责建筑施工，但甲公司未支付工程款项，于是甲公司和乙公司协商又重新达成协议，将甲公司之前的欠款本金8500万元作为对乙公司的借款，乙公司同意以未完成的工程作抵押向银行贷款2亿元，甲公司偿还借款5000万元后剩余的1.5亿元作为资本继续开发。但甲公司的公章要交由乙公司保管，甲公司对外签订合同要经过乙公司同意。甲、乙两公司约定，若发生争议，由s省q市仲裁委管辖。

乙公司拿到甲公司公章后，重新作了补充协议，加盖了甲公司公章，并且将约定的仲裁委改成g省c市仲裁委。①后来乙公司以甲公司的名义与丁公司签订购货合同，并加盖了甲公司公章。后甲、乙两公司发生争议，乙公司向g省c市仲裁委提出仲裁申请，仲裁委受理，甲公司提出异议，g省c市仲裁委认为仲裁协议有效，继续审理，并作出了裁决。甲公司向法院申请撤销仲裁裁决。②

后甲公司与丙公司签订房屋销售委托合同，与甲签订合同的为丙公司的原法定代表人崔某，合同上只有崔某的签名，没有加盖丙公司公章，实际上丙公司的法定代表人已经更换了，但是没有变更登记，甲公司的律师查询工商登记后就与原法定代表人崔某签订了销售合同。③后甲公司因为丙公司销售状况不佳，欲向法院起诉以解除委托合同，一审判决丙公司败诉，丙公司不服提起上诉，在上诉中变更了诉讼请求，请求判决合同无效，并请求赔偿。④

甲公司仍负债颇多，遂与丁签订了一个民间借贷合同，同时签订了房屋买卖合同，约定甲公司到期不还钱则将甲公司的一套房屋让与给出借人丁。⑤⑥

甲公司仍没钱向乙公司支付工程款，乙公司遂停工，房屋按原计划很快即可完工，完工出售后就能收回资金，结果因为乙公司停工了，甲公司的计划无法实现，因此，甲公司主张解除合同。甲公司与他人又签订了一个建设施工合同。⑦⑧

后甲公司的债权人均向其主张债权，甲公司无法还债，债权人向a省b市法院提出破产申请，法院受理了申请。丁以公司的名义与甲公司签订了一份施工供料合同，货料已经装运上路，但尚未运到。丁得知法院受理甲公司的破产申请后，就让承运人将货料运回。

问题：

1. 乙公司用甲公司公章签订补充协议的行为是否属于表见代理？为什么？

```
                              银行
                               ↑
   向乙公司先还5000万元  ⎫  抵押贷款2亿元
   1.5亿元继续开发       ⎭
                           甲公司 ——————— 乙公司
              ①（公章交由乙公司保管）   ②（修改合同中的仲裁条款）
```

[案情与问题指向分析]

对应案情：从案情开头到标记①。

1. 乙公司修改其与甲公司的合同，存在"替甲公司同意"的意思表示，构成代理。
2. 甲公司未委托乙公司代理，故乙公司构成无权代理。
3. 乙公司持有甲公司的公章，且公章真实。
4. 问题的指向是：乙公司是否构成表见代理？

[考点]

表见代理的构成：

1. 存在表见事由的无权代理，为表见代理。
2. 表见事由，是使不知情的相对人相信行为人是有权代理的客观事由。

[判断]

1. 本题中，无权代理的行为人与相对人都是乙公司。

2. 乙公司知道其持有甲公司的公章是为甲公司保管，自己没有代理权，故公章不构成表见事由。

结论：乙公司不构成表见代理。

[作答]

否。因为乙公司既是行为人，又是相对人，乙公司明知自己没有甲公司的代理权，所以甲公司的公章不构成表见事由，乙公司不构成表见代理。

2. 若甲公司能证明补充仲裁协议是乙公司私自用甲公司公章盖的，则修改后的仲裁协议是否有效？为什么？

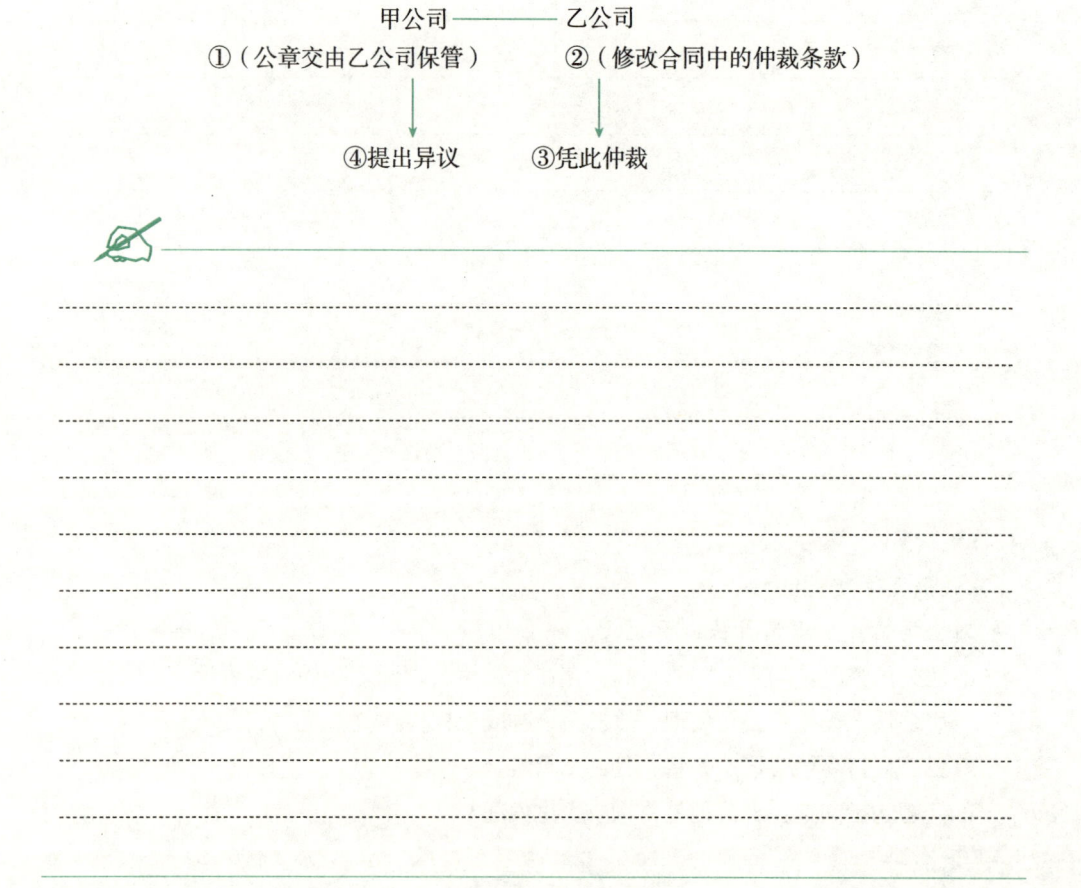

```
        甲公司 ——————— 乙公司
    ①（公章交由乙公司保管）  ②（修改合同中的仲裁条款）
            ↓                    ↓
        ④提出异议            ③凭此仲裁
```

[案情与问题指向分析]

对应案情：从标记①到标记②。

1. 乙公司修改其与甲公司的合同，存在"替甲公司同意"的意思表示，构成代理。

2. 甲公司未委托乙公司代理，故乙公司构成无权代理。

3. 问题的指向是：甲公司对修改后的仲裁条款提出异议，被修改的仲裁条款效力如何？

[考点]

狭义无权代理：

1. 含义：不存在表见事由的无权代理，为狭义无权代理。

2. 效力

（1）狭义无权代理，效力待定；

（2）被代理人表示拒绝的，自始无效。

[判断]

1. 因乙公司知道自己是无权代理，所以甲公司公章不构成表见事由，乙公司构成狭义无权代理。

2. "甲公司提出异议"表明甲公司对乙公司的狭义无权代理表示拒绝，故修改后的仲裁条款自始无效。

[作答]

自始无效。因为乙公司知道自己是无权代理，所以甲公司公章不构成表见事由，乙公司构成狭义无权代理。又因为甲公司对乙公司的狭义无权代理表示拒绝，所以修改后的仲裁条款自始无效。

3. 甲公司与丙公司之间的合同是否无效？原法定代表人崔某的行为如何定性？为什么？

甲公司 ——委托销售—— 丙公司
①崔某签字
②崔某，登记的法定代表人，实际已卸任
③丙公司未盖章

[案情与问题指向分析]

对应案情：从标记②到标记③。

问题的指向是：

1. 崔某实际上不是丙公司的法定代表人，是否影响委托销售合同的效力？

2. 丙公司未盖章，是否影响委托销售合同的效力？

[考点]

1. 法人实际情况与登记不符的，不得对抗善意第三人。

2. 法人未盖章，不影响代表、代理行为的法律效力。

3. 登记为法定代表人，实际卸任的，其代表行为相对于善意第三人而言，构成表见代表。

[判断]

1. 丙公司法人登记记载的法定代表人是崔某，不知情的甲公司信赖该登记，构成善意第三人，故丙公司不得以崔某实际已卸任为由，拒绝接受该合同约束。

2. 丙公司未盖章，不影响该合同的效力。

3. 崔某的行为构成表见代表。

[作答]

（1）有效。因为甲公司不知崔某已经卸任，且相信丙公司的法人登记，构成善意第三人，所以丙公司不得以崔某已经卸任的事实对抗甲公司；又因为丙公司未在合同上盖章并不影响合同的效力，所以甲、丙两公司的委托销售合同有效。

（2）表见代表。崔某已经卸任，但丙公司登记的法定代表人仍为崔某，所以对于善意第三人甲公司而言，崔某构成表见代表。

4. 甲公司是否有权解除其与丙公司之间的委托合同？如果解除，丙公司是否有权要求损害赔偿？赔偿损失的范围是什么？

```
                委托销售
    甲公司 ──────────── 丙公司
    ②主张解除          ①业绩不佳
```

[案情与问题指向分析]

对应案情:从标记③到标记④。

问题的指向是:

1. 甲公司能否以丙公司"业绩不佳"为由解除其与丙公司之间的合同?
2. 甲公司能否行使任意解除权,解除其与丙公司之间的委托合同?

[考点]

1. 债务人违约时,债权人在以下情况下,享有合同解除权:

(1) 债务人期前拒绝履行;

(2) 债务人迟延履行主要债务,经催告仍不履行;

(3) 债务人根本违约。

2. 委托合同中当事人的任意解除权

(1) 委托合同中,委托人、受托人均有权解除合同。

(2) 因合同解除给对方造成损失的:

❶ 无偿委托,应赔偿对方的直接利益损失;

❷ 有偿委托,应赔偿对方的直接利益损失与可得利益损失。

[判断]

1. 本题并无关于丙公司销售业绩指标的合同约定,故丙公司"业绩不佳"难以认定为违约。因此，甲公司不得基于丙公司违约主张解除权。

2. 本题中，因甲、丙两公司之间的合同为委托合同：

（1）甲公司可基于任意解除权主张解除合同。

（2）甲、丙两公司之间的委托合同为商事合同，推定为有偿委托。所以甲公司凭任意解除权解除该合同后，应赔偿丙公司的直接利益损失与可得利益损失。但是，可得利益损失的赔偿，仍需以对方订立合同时的合理预见为前提。

[作答]

（1）甲公司有权解除。因为甲、丙两公司之间的合同为委托合同，所以甲公司可以依据委托合同中的任意解除权解除合同。

（2）丙公司有权请求损害赔偿。因为甲、丙两公司之间的委托为有偿委托，所以甲公司行使任意解除权，应当赔偿丙公司的直接利益损失与可得利益损失。但是，可得利益损失的赔偿，仍需以甲公司订立合同时的合理预见为前提。

5. 若甲公司到期无法偿债，丁是否有权取得房屋的所有权？为什么？

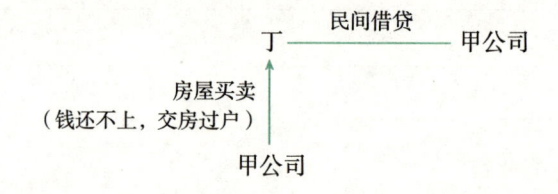

```
                    民间借贷
          丁 ─────────────── 甲公司
          ↑
     房屋买卖
  （钱还不上，交房过户）
          │
        甲公司
```

[案情与问题指向分析]

对应案情：从标记④到标记⑤。

问题的指向是：甲公司与丁的房屋买卖合同中"甲公司到期不还钱则将甲公司的一套房屋让与给丁"的约定，效力如何？

[考点]

后让与担保的效力：

1. 后让与担保合同中约定，债务人到期不履行债务，债权人即取得担保物所有权的，构成流质约款，无效，但不影响其他担保意思表示的效力。

2. 债权人有权就让与担保物变价受偿。但因债权人不具有物权人的地位，故不得主张优先受偿。

[判断]

1. 甲公司与丁的房屋买卖合同中"甲公司到期不还钱则将甲公司的一套房屋让与给丁"的约定，构成流质约款，无效，但不影响其他担保意思表示的效力。

2. 丁有权就房屋变价受偿，但因丁不具有物权人的地位，故不得优先受偿。

[作答]

否。因为甲公司与丁的房屋买卖合同中"甲公司到期不还钱则将甲公司的一套房屋让与给丁"的约定，构成流质约款，无效，但不影响其他担保意思表示的效力。所以甲公司到期不还钱，丁只能就房屋变价受偿，但由于丁不具有物权人的地位，因此不享有优先受偿权。

6. 甲公司与出借人丁的房屋买卖合同能否视为一种物权担保？为什么？

```
           民间借贷
    丁 ——————————— 甲公司
                ↑
         房屋买卖
      （钱还不上，交房过户）
                │
              甲公司
```

[案情与问题指向分析]

对应案情：从标记④到标记⑥，与第5问相同，故属于就同一案情的第二次设问。

1. 甲公司与丁订立的房屋买卖合同所约定的"甲公司到期不还钱则将甲公司的一套房屋让与给丁"，蕴含"钱还上，房就不要了"的意思表示。

2. 问题的指向是：甲公司与丁订立的房屋买卖合同的性质、效力如何？

[考点]

1. 买卖合同+回转条款＝让与担保。
2. 让与担保物没有向债权人交付或登记，故为后让与担保。
3. 因后让与担保中，担保物没有交付或登记，故债权人不具有物权人的地位。

[判断]

1. 甲公司和丁订立的房屋买卖合同，性质为后让与担保。
2. 甲公司并未将房屋过户登记给丁，所以丁享有担保权，但不具有物权人的地位。

[作答]

否。因为甲公司与丁订立的房屋买卖合同，性质是后让与担保，甲公司并未将房屋过户登记给丁，所以丁享有担保权，但不具有担保物权人的地位。

7. 甲公司是否有权解除其与乙公司的合同？为什么？

```
              建设工程施工合同
   甲公司 ——————————————— 乙公司
   ①工程款迟延              ②停工
   ③解除合同
```

[案情与问题指向分析]

对应案情：从标记⑥到标记⑦。

问题的指向是：

1. 乙公司能否因为甲公司到期不付工程款而停工？

2. 甲公司能否基于乙公司因甲公司到期不付工程款而停工，主张解除合同？

[考点]

1. 先履行抗辩权：双务合同中的先履行方未履行债务的，后履行方可以拒绝对到期债务的履行。

2. 迟延履行解除权：债务人迟延履行主要债务，经催告仍不履行的，债权人有权解除合同。

3. 违约的前提：债务人没有抗辩权而未履行合同债务的，构成违约。

[判断]

1. 甲公司与乙公司的建设工程施工合同为双务合同。甲公司到期不付工程款，乙公司有权基于先履行抗辩权拒绝履行自己的施工义务，即有权停工。

2. 因乙公司基于先履行抗辩权而停工不构成违约，即不构成迟延履行主要债务，所以甲公司不得据此享有迟延履行解除权。

[作答]

无权。因为甲公司与乙公司的建设工程施工合同为双务合同，所以甲公司到期不付工程款，乙公司有权基于先履行抗辩权拒绝履行自己的施工义务；又因为乙公司基于先履行抗辩权而停工不构成迟延履行主要债务，所以甲公司不得据此享有迟延履行解除权。

8. 乙公司对甲公司的工程房屋是否有优先权？为什么？如果有，优先权的范围是什么？

甲公司 ——— 建设工程施工合同 ——— 乙公司
工程款迟延

[案情与问题指向分析]

对应案情：从标记⑥到标记⑧，与第7问相同，故属于就同一案情的第二次设问。

问题的指向是：

1. 甲公司到期不付工程款，乙公司能否行使建设工程优先权？
2. 乙公司依据建设工程优先权可以优先受偿的工程款债权的范围如何？

[考点]

1. 建设工程优先权的适用条件

（1）发包人迟延支付工程款，与发包人订立建设工程合同的承包人可以主张建设工程优先权；

（2）承包人应自发包人应当支付工程款之日起18个月内，行使建设工程优先权。

2. 建设工程优先权的担保范围

建设工程优先权的优先受偿范围，包括承包人为建设工程应当支付的工作人员报酬、材料款等实际支出的费用，但不包括乙公司因甲公司违约所遭受的损失。

[判断]

1. 甲公司迟延支付工程款，乙公司享有建设工程优先权，但需在甲公司应当支付工程款之日起 18 个月内行使。

2. 乙公司行使建设工程优先权，可优先受偿乙公司为建设工程应当支付的工作人员报酬、材料款等实际支出的费用，但不包括乙公司因甲公司违约所遭受的损失。

[作答]

（1）可以。因为甲公司迟延支付工程款，所以乙公司享有建设工程优先权，但需在甲公司应当支付工程款之日起 18 个月内行使。

（2）有。乙公司行使建设工程优先权，可优先受偿乙公司为建设工程应当支付的工作人员报酬、材料款等实际支出的费用，但不包括乙公司因甲公司违约所遭受的损失。

第三部分 大综案例

案例一 银行借记卡案

案情：

2020年2月15日，张某在甲银行以自己的身份证办理了卡号为A的银行借记卡。2020年6月10日，张某收到甲银行的转账信息称：2020年6月9日，卡号为A的借记卡发生三笔转账，金额分别为50 000元、50 000元及46 200元，共计146 200元，转入户名均为石某，卡号为B，转入行为乙银行。因张某并未实施转账活动，也并不认识石某，遂报警，并与甲银行交涉。甲银行建议张某通过报警追回款项，表示自己对此无能为力。张某遂起诉甲银行，要求其赔偿转款本金及利息损失。在诉讼中，甲银行举证证明了自己已经按照银行规定对转款人进行了身份查验，且持卡人身份识别信息和交易验证信息相符。经查，刑事司法机关初步认定，本案为石某盗用张某的资料从事网络交易，但其如何盗得张某的资料，尚在调查。①2020年9月5日、6日，张某与高某先后订立书面的《借款合同》和《债权转让合同》。《借款合同》约定，张某借给高某100万元，借期1年，且本合同以《债权转让合同》的订立为生效条件。经查，《借款合同》中并未约定利息。《债权转让合同》中约定，张某将其对郭达的数额为50万元的借款债权转让给高某，高某在1年后支付受让金50万元。上述两份合同订立后，张某将100万元转入高某的银行卡。1年后，高某向张某偿还借款本金100万元，并支付债权受让金50万元。2021年10月15日，高某向法院提起诉讼，主张《债权转让合同》中张某对郭达的债权其实并不存在，故以不当得利为由请求张某返还50万元债权受让金及利息。经查，高某所言属实，且当时订立《借款合同》和《债权转让合同》时，张某与高某均知道此事。②2021年12月1日，甲银行与丙公司订立书面的《金融贷款合同》，约定甲银行向丙公司放款1000万元，丙公司将自己名下房屋A、B、C的房产证交付予甲银行，并于 1 年内以 1030 万元的价格回购房产证。③张某是丙公司的股东，也于同日与甲银行订立《房屋买卖合同》，约定张某将房屋 D 出卖给甲银行，并于合同订立后 3 日内向甲银行办理过户登记。若丙公司回购了房屋 A、B、C 的房产证，该买卖合同解除。合同订立后，张某并未向甲银行办理房屋 D 的过户登记。经查，房屋 D 登记在高某名下，为高某所有，且无证据显示高某知道此事。1 年期满后，丙公司并未如约回购房屋 A、B、C 的房产证。④⑤⑥

问题：

1. 甲银行是否应当向张某承担赔偿责任？为什么？

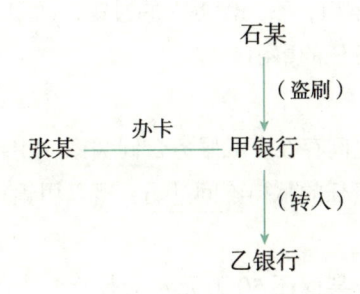

```
                        石某
                         │
                       （盗刷）
                         │
     张某 ──办卡── 甲银行
                         │
                       （转入）
                         │
                        乙银行
```

[案情与问题指向分析]

对应案情：从案情开头到标记①。

1. 没有证据证明张某泄露自己的银行卡信息、身份证保管不善等，甲银行也举证证明自己的操作完全合规，但张某银行卡中的钱仍然被石某盗刷。

2. 甲银行是否构成违约？

[考点]

违约责任的构成：

1. 原则上，债务人违约，承担违约责任，不问过错。
2. 第三人致债务人违约，债务人承担违约责任。

[判断]

1. 张某与甲银行之间存在金融服务合同，根据该合同，甲银行承担妥善管理张某资金的义务。案情显示，甲银行未履行该义务。
2. 本案中，违约责任的承担，不问债务人的过错，故甲银行已经尽到合规审查的事实不能作为其免于承担违约责任的事由。

[作答]

是。因为张某与甲银行之间存在金融服务合同关系，甲银行未履行合同中妥善保管张某资金的义务，且其违约责任的承担不问过错，所以甲银行应承担违约赔偿责任。

2. 高某是否有权请求张某返还 50 万元？为什么？

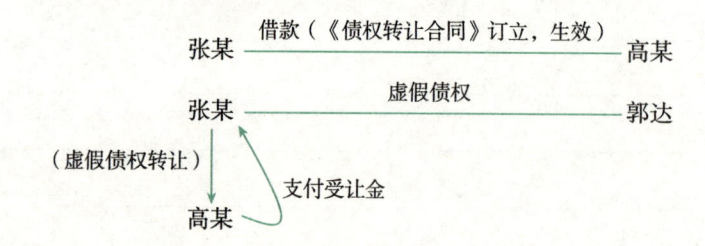

[案情与问题指向分析]

对应案情：从标记①到标记②。

1. 张某与高某之间的《借款合同》是真实的，但需以《债权转让合同》的订立为生效要件。

2. 张某与高某之间的《债权转让合同》的标的是虚假的，双方都知道此事，但高某仍然支付了受让金。

3. 高某为什么这样做？

[考点]

虚假意思表示与隐藏意思表示：

1. 虚假意思表示掩盖隐藏意思表示。

2. 虚假意思表示无效。

3. 隐藏意思表示的效力，根据法律规定处理。

[判断]

1. 《债权转让合同》为虚假意思表示，无效。

2. 《债权转让合同》所掩盖的真实交易目的，与借款合同有关。

3. 隐藏意思表示是通过"债权受让金"获取"借款利息"。

4. 张某与高某之间为民间借贷关系，借款本金100万元，1年期利息50万元，超过"1年期贷款市场报价利率"（LPR）4倍的部分，构成高利贷，依法无效。

5. 张某收取的高利贷部分的利息，构成不当得利，高某有权请求张某返还。

[作答]

高某有权请求张某返还50万元中的部分款项。因为张某对郭达享有的债权为虚构，张某与高某的《债权转让合同》构成虚假意思表示，应予无效。该虚假意思表示所掩盖的隐藏意思表示，是借款关系利息的约定。该利息约定超过了1年期贷款市场报价利率（LPR）的4倍，超出部分构成高利贷，依法无效，张某构成不当得利。所以高某有权请求张某返还高利贷部分的款项。

3. 甲银行能否对房屋A、B、C行使权利？为什么？

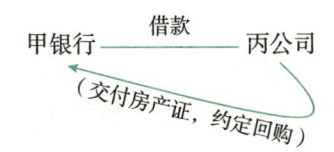

甲银行 ——借款—— 丙公司
（交付房产证，约定回购）

[案情与问题指向分析]

对应案情：从标记②到标记③。

丙公司从甲银行贷款，将三份房产证交付给甲银行，并允诺回购。这是什么意思？

1. 结合甲银行、丙公司之间的借款关系，回购是指还本付息。

2. 既然回购是指还本付息，那么丙公司交付三份房产证的目的就是为自己的还本付息债务的履行提供担保。

3. 丙公司所提供的担保的性质

（1）是不是房屋抵押？

不是。甲银行与丙公司之间没有抵押意思表示，也未办理抵押登记，甲银行对 A、B、C 三套房屋不享有抵押权。

（2）是后让与担保。

❶回购蕴含着"卖出去，再买回来"的意思。故甲银行与丙公司书面签订的《金融贷款合同》中所作的"交付房产证并日后回购"的约定，本质是订立三套房屋的买卖合同。

❷在将"交付房产证"的约定界定为"买卖合同"的基础上，"回购"之约定就是买卖合同中的"回转条款"。

❸买卖合同+回转条款=让与担保。

❹丙公司并未将三套房屋向甲银行过户，故构成后让与担保。

[考点] 后让与担保的效力

债务人不履行债务的，债权人可凭后让与担保，主张就担保物变价受偿，但因担保物尚未交付、登记，债权人不得主张优先受偿。

[判断]

甲银行可就丙公司所提供的 A、B、C 三套房屋变价受偿，但不得优先受偿。

[作答]

可以。因为甲银行与丙公司之间所达成的交付三份房产证并且回购的约定构成后让与担保，所以，甲银行有权就 A、B、C 三套房屋变价受偿，但因三套房屋尚未过户，故甲银行不得优先受偿。

4. 甲银行能否对房屋 D 行使权利？为什么？

```
                         借款
            甲银行 ———————— 丙公司
              ↑
      归属于    │
高某 ←————— 房屋D  （出卖+回购解除）
              │
             张某
```

[案情与问题指向分析]

对应案情：从标记③到标记④。

1. 张某与甲银行之间"房屋 D 买卖合同"+"回购便解除"的交易构成让与担保。

2. 因房屋 D 归属于高某，故张某向甲银行的让与担保行为构成无权处分。

3. 问题的指向是：甲银行能否取得房屋 D 上的让与担保权？

[考点]

无权处分情形下，受让人取得的途径：

1. 权利人追认的，受让人可以继受取得。
2. 受让人构成善意取得要件的，可以善意取得。

[判断]

1. 房屋D的所有权人高某并未表示同意，故甲银行不能继受取得让与担保权。
2. 甲银行也不能善意取得让与担保权。
（1）因房屋D登记在高某名下，甲银行不构成"善意"；
（2）因张某并未为甲银行办理过户登记，甲银行也不能"取得"。

结论：甲银行不存在可对房屋D主张的权利。

[作答]

否。因为张某向甲银行出卖房屋D的行为构成让与担保，性质是无权处分，房屋所有权人高某并未表示同意，且甲银行也不能善意取得让与担保权，甲银行不享有让与担保权，所以甲银行不得对房屋D行使权利。

5. 甲银行能否追究张某的违约责任？为什么？

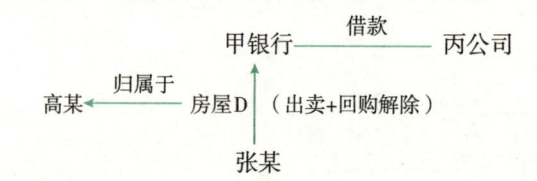

```
                    借款
        甲银行 ——————— 丙公司
          ↑
    归属于 │
高某 ←———— 房屋D （出卖+回购解除）
          │
         张某
```

[案情与问题指向分析]

对应案情：从标记③到标记⑤，与第 4 问相同，故属于就同一案情的第二次设问。

1. 本问中的"违约责任"指向的是，张某与甲银行订立的《房屋买卖合同》中有"3 日内过户"的约定，而张某未履行该项约定的事实。

2. 张某与甲银行之间的《房屋买卖合同》中约定的"房屋 D 买卖合同"+"回购便解除"的交易，构成让与担保。

3. 张某在《房屋买卖合同》中作出的"3 日内过户登记"的意思表示，表明张某向甲银行所欲设立的让与担保本来是先让与担保。

4. 于是，问题的指向是：张某未如约向甲银行办理过户登记，导致甲银行未能取得先让与担保权，其是否构成违约？

[考点]

合同的债权效力与后让与担保中的"流质约款禁止规则"：

1. 合同的债权效力

合同约定债务人应予给付的，债务人未如约履行，构成违约。

2. 后让与担保中的"流质约款禁止规则"

让与担保合同并未约定"先行交付、登记"，而是约定"债务到期不履行，再行交付登记"的，才构成后让与担保中的"流质约款"，该约定依法无效。

[判断]

1. 张某与甲银行在《房屋买卖合同》中"3 日内过户登记"的约定，旨在使甲银行取得先让与担保权，该约定并非流质约款，有效。

2. 张某未履行有效的合同债务，构成违约。

[作答]

可以。因为张某与甲银行所订立的《房屋买卖合同》的性质为让与担保合同，其中"3 日内过户登记"的约定旨在使甲银行取得先让与担保权，该约定并非流质约款，有效。张某未履行有效的合同债务，构成违约。

6. 甲银行能否请求张某承担担保责任？为什么？

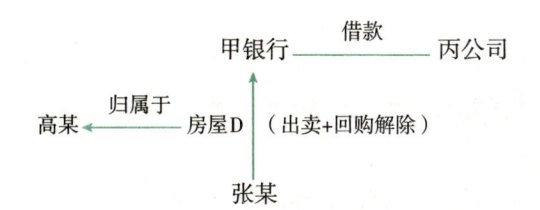

```
                    借款
          甲银行 ―――――――― 丙公司

      归属于              │
高某 ◄――――― 房屋D  （出卖+回购解除）
                        │
                       张某
```

[案情与问题指向分析]

对应案情：从标记③到标记⑥，与第 4 问相同，故属于就同一案情的第三次设问。

1. 张某以高某的房屋 D 向甲银行设立让与担保。
2. 甲银行不能取得"让与担保权"。
3. 甲银行能否取得"担保权"？

[考点]

第三人作出保证允诺的，为保证人。保证允诺的作出方式为：

1. 表明责任。即第三人向债权人表示"他不还，我来还"的，第三人为保证人。
2. 表明身份。即第三人向债权人表示"我是保证人"的，第三人为保证人。

[判断]

1. 张某在与甲银行的让与担保合同中所作出的意思表示是，"丙公司不还钱，我用房屋 D 来偿还"。该意思表示中蕴含了"丙公司不还钱，我来还"的保证允诺。
2. 张某为保证人。
3. 因张某并未与甲银行约定保证责任的承担方式，故张某的保证为一般保证。甲银行可以请求张某承担保证责任，但需先对丙公司穷尽一切法律手段。否则，张某享有先诉抗辩权。
4. 甲银行基于其与张某的让与担保合同，既有权请求张某承担未如约办理登记的违约责任，又有权请求张某承担一般保证责任，故构成请求权竞合，甲银行可择一主张。

[作答]

可以。因为张某与甲银行的让与担保合同中存在张某承担保证责任的意思表示,所以张某构成保证人。又因为张某与甲银行并未约定保证责任的承担方式,所以张某构成一般保证人,甲银行需先对丙公司履行债务穷尽一切法律手段,否则,张某享有先诉抗辩权。

案例二　借款转投资案

案情：

2018年8月1日，甲建筑公司（以下简称"甲公司"）与飞达实业公司（以下简称"飞达公司"）订立《借款合同》，约定飞达公司借给甲公司资金8000万元，借款期限1年，年利率10%。甲公司股东王某以自己所有的房屋向飞达公司设立抵押，并办理了抵押登记。2019年8月1日，借款到期后，甲公司未能向飞达公司偿还本息。经双方协商，2019年8月2日，飞达公司与甲公司订立《借款转投资协议书》，约定甲公司将第三方工程款抵债所得的"怡东物业"进行开发，飞达公司以其借款本息合计8800万元作为参与"怡东物业"开发的投资，甲公司与飞达公司按照1∶1的比例享有投资份额。因"怡东物业"现登记在甲公司名下，为办理相关手续的便利，甲公司成立"怡东物业开发分公司"，由该分公司承办具体开发事宜。又因飞达公司拥有丰富的开发经验，故该分公司的负责人由飞达公司派人担任。该协议未经王某的同意。该协议订立后，甲公司注册成立了"甲公司怡东物业开发分公司"，飞达公司指派副总郭某担任该分公司负责人。2019年12月1日，郭某因开发之需要，以分公司名义从建设银行贷款1000万元，用于开发工作的前期准备。后由于国家相关政策的改变，开发工作不能进行。2020年12月，飞达公司向甲公司发送《投资协议解除通知书》，称"因'怡东物业'的开发已不可能，本公司现解除合同，并请贵公司向我方返还投资款"。同日，飞达公司向王某提出书面通知，要求王某对甲公司的投资款返还承担抵押担保责任。①1个月后，建设银行将甲公司诉诸法院，诉请返还1000万元贷款本息。在诉讼中，甲公司提出，该笔贷款是飞达公司郭某所借，且用途是当时甲公司与飞达公司共同投资的开发事宜，双方应对该笔借款承担连带责任，故请求法院将飞达公司列为共同被告。经查，在建设银行提起诉讼时，"怡东物业开发分公司"已经注销。②

2020年2月1日，甲公司与乙地产公司（以下简称"乙公司"）订立建设工程合同，约定甲公司为乙公司承建"天府德诚"写字楼项目，乙公司应于2021年1月1日前向甲公司支付工程款5000万元。项目开工后，乙公司并未于2021年1月1日向甲公司支付工程款。2022年1月1日，工程通过竣工验收后，甲公司于同日向乙公司发出《行使建设工程优先权的通知》的函件称："因贵公司未如约支付工程款，本公司现主张建设工程优先权，并将委托第三方对承建项目进行造价。"2022年1月

10 日，甲公司与天成资产评估公司订立《建设工程造价咨询合同》。2022 年 4 月 25 日，天成公司出具《结算审核报告》后，甲、乙公司均在该报告上签字，对项目造价予以认可。2022 年 5 月 15 日，因乙公司对丙公司欠付的货款到期未付，丙公司申请 A 法院对"天府德诚"写字楼进行查封。甲公司得知此事后，于 2022 年 5 月 25 日向 A 法院递交《建设工程优先权的说明》，陈述自己对该项目享有建设工程优先权的事实和理由。③

2022 年 8 月 10 日，因甲公司未向飞达公司返还投资款，飞达公司向乙公司提起诉讼，诉讼请求有二：①请求乙公司向自己偿还工程款 5000 万元；②对"天府德诚"写字楼主张建设工程优先权。针对飞达公司的第 1 项诉讼请求，乙公司以《建设工程造价咨询合同》、《结算审核报告》以及《建设工程优先权的说明》提出抗辩；④针对第 2 项诉讼请求，乙公司则以"建设工程优先权并非债权的组成部分"以及"建设工程优先权已经届满法定期间"为由进行抗辩。⑤2022 年 12 月 10 日，飞达公司与乙公司的诉讼终结后，又对甲公司提起诉讼，主张未获受偿部分工程款的返还。甲公司则以飞达公司已经对乙公司行使了权利为由，提出抗辩。⑥

问题：

1. 王某是否应当就投资款的返还承担抵押担保责任？为什么？

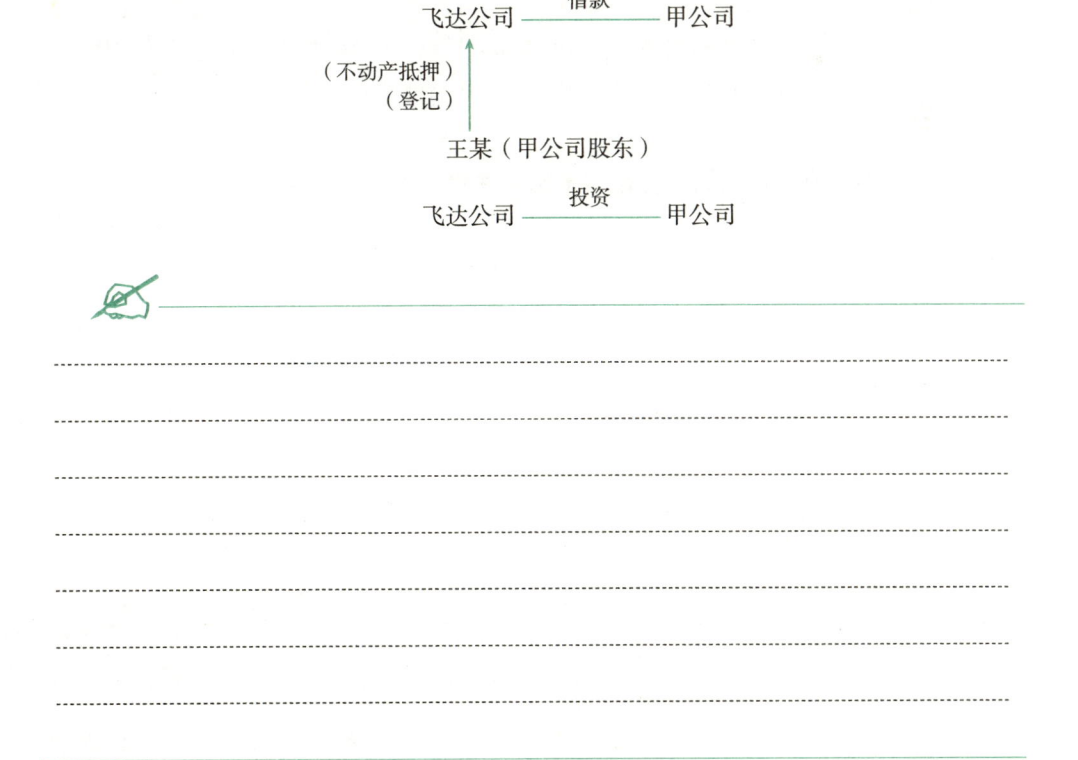

```
              借款
飞达公司 ————————— 甲公司
（不动产抵押）
   （登记）
王某（甲公司股东）

              投资
飞达公司 ————————— 甲公司
```

[案情与问题指向分析]

对应案情：从案情开头到标记①。

1. "借款转投资"，意思是甲公司将本应向飞达公司偿还的借款本息作为飞达公司向甲公司所进行的项目投资。相当于，甲公司向飞达公司偿还了借款本息后，飞达公司又将这笔钱投资于甲公司。

2. 问题的指向就是：王某为"借款关系"提供担保，要不要对"投资关系"中的"投资款返还"提供担保？

[考点]

担保的从属性：主债消灭，担保消灭。

[判断]

1. 甲公司与飞达公司订立的《借款转投资协议书》一经生效，双方的"借款关系"即告消灭。

2. 王某是为"借款关系"提供担保，且未对投资关系表示同意，即未对投资关系作出担保意思表示，故其抵押担保责任随之消灭。

3. 投资款返还关系，是甲公司与飞达公司之间的"投资合同"解除后所产生的"返还财产"之法律后果，与原来的"借款关系"已无关联。

结论：王某对甲公司的投资款返还不承担抵押担保责任。

[作答]

否。因为王某是为甲公司与飞达公司之间的借款关系提供担保，双方转为投资关系后，借款关系消灭。所以根据担保的从属性，王某的担保责任也随之消灭。

2. 飞达公司是否应当对建设银行承担偿还贷款责任？为什么？

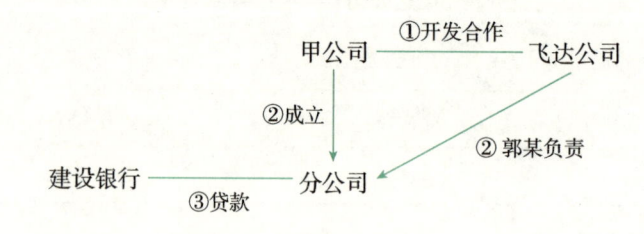

```
              ①开发合作
    甲公司 ─────────────── 飞达公司
      │                    ╱
      │②成立              ╱②郭某负责
      │                  ╱
   建设银行 ──────── 分公司
              ③贷款
```

[案情与问题指向分析]

对应案情：从标记①到标记②。

1. 分公司是甲公司与飞达公司合作投资的产物。
2. 分公司由飞达公司的副总郭某负责。
3. 分公司是甲公司的分公司。
4. 问题的指向是"对建设银行的责任"，即具有上述三重属性的分公司从建设银行借的贷款，应当由谁来偿还？

[考点]

法人分支机构订立合同的后果承担：法人的分支机构没有民事权利能力，不具有法人资格，其名义下的债务由法人承担无限责任。

[判断]

1. 分公司是甲公司的分公司，其以自己的名义从建设银行的借款，由甲公司负责偿还。
2. 甲公司与飞达公司的合作事实，对甲公司的外部偿还贷款责任的承担没有影响，但可作为甲公司承担责任后在飞达公司合作份额内向飞达公司追偿的依据。

[作答]

否。因为"怡东物业开发分公司"是甲公司的分公司，没有民事权利能力，不具有法人资格，其以自己名义与建设银行订立贷款合同，应由甲公司承担无限责任，所以飞达公司对建设银行不承担偿还贷款责任。

3. 甲公司的建设工程优先权能否对 A 法院的查封措施及强制执行产生影响？为什么？

```
              建设工程合同
       甲公司 ─────────── 乙公司
              │
              │（建设工程优先权）
              ↓
丙公司 ───── 法院 ────→ 工程项目
（乙公司的债权人）      （查封）
```

[案情与问题指向分析]

对应案情：从标记②到标记③。

1. 甲公司为乙公司建设工程，乙公司未如约支付工程款，甲公司享有对该工程项目的建设工程优先权。

2. 该工程项目又被丙公司申请法院查封。

3. 问题的指向就是：甲公司的建设工程优先权与法院的查封，受偿顺位如何？

[考点]

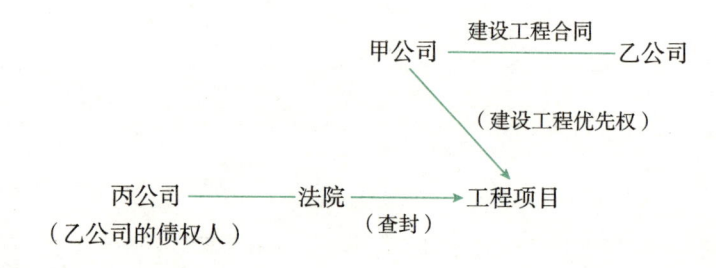

1. 同一不动产上并存建设工程优先权与抵押权的，建设工程优先权优先于抵押权受偿。

2. 法院的司法强制措施，在民法上的效力，相当于登记的抵押权。

[判断]

甲公司的建设工程优先权，可优先于法院的查封受偿。

[作答]

能。因为甲公司的建设工程优先权可优先于抵押权受偿,丙公司申请法院对工程项目所作的查封的效力与登记的抵押权相当,所以法院需在甲公司的建设工程优先权受偿后,就剩余的工程价值采取执行措施。

4. 乙公司针对飞达公司第 1 项诉讼请求的抗辩,能否成立?为什么?

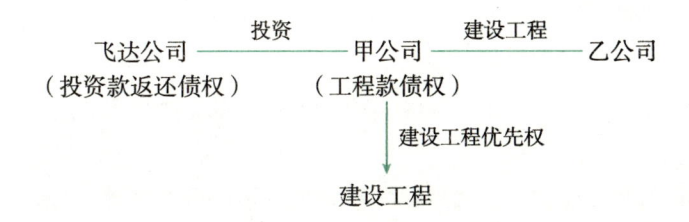

```
               投资              建设工程
飞达公司 ─────── 甲公司 ─────── 乙公司
(投资款返还债权)   (工程款债权)
                      │建设工程优先权
                      ↓
                   建设工程
```

[案情与问题指向分析]

对应案情:从标记③到标记④。

1. 飞达公司对甲公司享有投资款返还债权,甲公司对乙公司享有工程款债权。由此,飞达公司、甲公司、乙公司之间形成债权人、债务人、次债务人的关系。

2. 飞达公司向乙公司提起诉讼,并提出第 1 项诉讼请求(请求乙公司向自己偿还工程款 5000 万元),性质是提起代位权之诉。

3. 由此观之,乙公司"以《建设工程造价咨询合同》、《结算审核报告》以及《建设工程优先权的说明》提出抗辩"的案情,意思就是,乙公司认为甲公司一直积极主张其债权,并不构成代位权中的"债务人怠于向次债务人主张到期债权"之要件,进而主张飞达公司不得对自己提起代位权之诉。

4. 问题的指向就是:甲公司对乙公司是否构成"怠于主张债权"?

[考点]

代位权之"怠于"要件的构成:债务人没有以诉讼或仲裁的方式对次债务人主张到期债权,即构成"怠于"。

[判断]

1. 本题中,甲公司并未对乙公司采取诉讼或仲裁的方式主张其工程款债权,构成"怠于"。

2. 乙公司的抗辩不能成立,飞达公司可以对乙公司提起代位权之诉。

[作答]

否。因为甲公司对乙公司未采取诉讼或仲裁的方式主张其工程款债权,构成怠于对乙公司主张债权,所以乙公司的抗辩理由不能成立。

5. 乙公司针对飞达公司第2项诉讼请求的抗辩,能否成立?为什么?

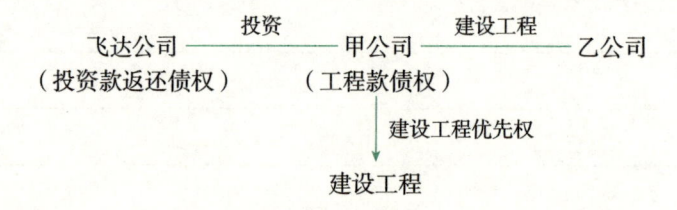

```
            投资              建设工程
飞达公司 ————————— 甲公司 ————————— 乙公司
(投资款返还债权)    (工程款债权)
                      │
                      │ 建设工程优先权
                      ↓
                    建设工程
```

[案情与问题指向分析]

对应案情：从标记④到标记⑤。

1. 飞达公司对甲公司享有投资款返还债权，甲公司对乙公司享有工程款债权。由此，飞达公司、甲公司、乙公司之间形成债权人、债务人、次债务人的关系。

2. 飞达公司向乙公司提起诉讼，并提出第1项诉讼请求（请求乙公司向自己偿还工程款5000万元），性质是提起代位权之诉。

3. 由此观之，飞达公司主张建设工程优先权，是代位行使甲公司的建设工程优先权。

4. 案情中，乙公司所提出的抗辩理由有二：

（1）乙公司所提出的"建设工程优先权并非债权的组成部分"之抗辩事由，是说乙公司认为，飞达公司对自己提起代位权之诉，只能代位行使甲公司对自己的"工程款债权"，而"建设工程优先权"是不同于"工程款债权"的另一项权利，其不属于债权的范围，不能代位行使。

（2）乙公司所提出的"建设工程优先权已经届满法定期间"之抗辩事由，是说乙公司认为，根据甲、乙公司的建设工程合同的约定，乙公司应当在2021年1月1日支付工程款。现飞达公司代位行使甲公司建设工程优先权的时间是2022年8月10日以后，已经超过建设工程优先权"18个月"的法定期间。因此，纵然飞达公司可以代位行使建设工程优先权，该项权利也已经因届满法定期间而消灭。

5. 由此，问题的指向是：

（1）飞达公司行使代位权时，能否代位行使甲公司的建设工程优先权？

（2）甲公司的建设工程优先权是否已经届满法定期间？

[考点]

1. 债权人行使代位权，可以代位行使与债务人债权相关的从权利，如担保权。

2. 建设工程优先权，应当在自发包人应当支付工程款之日起18个月内行使。

[判断]

1. 本案中，建设工程优先权具有担保工程款债权优先受偿的功能，故属于"与工程款债权有关的从权利"，飞达公司可以代位行使。

2. 我国民法并未要求建设工程优先权必须以诉讼或仲裁的方式行使。本案中，甲公司向乙公司发出《行使建设工程优先权的通知》、与天成公司订立《建设工程造价咨询合同》、向A法院递交《建设工程优先权的说明》等行为，均发生在建设工程优先权法定期间之内，上述行为均构成建设工程优先权的"行使"。因此，甲公司的建设工程优先权并未消灭，乙公司可以代位行使。

[作答]

否。①因为建设工程优先权属于与工程款债权有关的从权利，飞达公司代位行使甲公司的工程款债权时,可以代位行使甲公司的建设工程优先权,所以乙公司"建设工程优先权并非债权的组成部分"的抗辩理由不能成立;②因为甲公司已经在乙公司应当支付工程款之日起 18 个月内通过一系列行为行使了建设工程优先权,甲公司的建设工程优先权并未消灭,所以乙公司"建设工程优先权已经届满法定期间"的抗辩理由,也不能成立。

6. 甲公司对飞达公司提出的抗辩,能否成立?为什么?

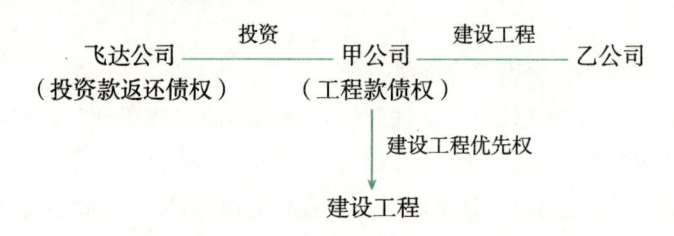

```
                    投资              建设工程
   飞达公司 ————————— 甲公司 ————————— 乙公司
 (投资款返还债权)   (工程款债权)
                         │
                         │ 建设工程优先权
                         ▼
                      建设工程
```

[案情与问题指向分析]

对应案情:从标记⑤到标记⑥。

1. 甲公司"以飞达公司已经对乙公司行使了权利为由,提出抗辩",是说甲公司认为,飞达公司既然对乙公司提起过代位权之诉,那么就不再享有请求自己履行债务的权利。

2. 问题的指向是:飞达公司对乙公司行使代位权后,所未能受偿的债权可否请求甲公司偿还?

[考点]

代位权的目的:

1. 代位权,是债权人以债务人对次债务人的债权,请求次债务人向自己履行的权利。

2. 代位权是实现债权人对债务人之债权的一种手段。

[判断]

飞达公司行使代位权后,债权仍然有不能实现的部分,意味着飞达公司、甲公司之间的债权债务关系并未消灭,飞达公司依然有权请求甲公司继续偿还。

[作答]

不能成立。因为飞达公司经过代位权的行使,仍然有未能清偿的债权,甲公司对飞达公司的相应债务依然存在,所以飞达公司有权请求甲公司继续偿还。

案例三　三方租赁合同案

案情：

2020年2月1日，宋大江、甲公司、乙公司订立书面合同，约定：

1. 宋大江将商铺出租给乙公司。

2. 租期20年，年租金10万元。合同订立后3日内，乙公司应预交租金10万元。

3. 商铺为甲公司所有，甲公司授权宋大江实施商铺出租行为。

4. 宋大江应当在2020年4月1日向乙公司交付商铺。迟延交房1天，应支付迟延交房赔偿金1万元；迟延交房1个月，乙公司有权解除商铺租赁合同。

5. 若乙公司解除合同，宋大江不仅应当按照1万元/天的数额支付自2020年4月1日至合同解除之日的迟延交房赔偿金，而且还应返还已付租金2倍的赔偿金。

6. 合同解除后，甲公司对上述合同解除的后果承担连带保证责任。但合同中并未约定保证期间。

合同订立后，宋大江、乙公司、甲公司分别在合同书中"出租人""承租人""担保人"项下签字盖章。①合同订立后，乙公司并未于2020年4月1日获得该商铺的交付。及至2020年12月1日，因乙公司仍未获得该商铺的交付，遂向宋大江、甲公司提出解除租赁合同，并请求宋大江支付迟延交房赔偿金和预付租金的2倍返还。②同日，乙公司发函给甲公司，请求甲公司承担保证责任。甲公司遂以保证期间的起算点应为2020年5月1日计算为由，主张保证期间已经届满，自己的保证责任已经消灭。③

经查，宋大江是东湖公司、西山公司的股东。2020年10月15日，宋大江与西山公司订立《股权转让合同》，约定宋大江将其在东湖公司20%的股权转让给西山公司，但该合同中并未就西山公司的股权受让金作出约定。乙公司了解到这一情况后，遂于2021年2月5日向法院提起代位权之诉，请求西山公司向自己偿还东湖公司20%股权的受让金。西山公司与宋大江均主张，该股权转让的性质为宋大江对西山公司的追加投资，且举证证明西山公司股东会曾于2019年8月20日作出增资扩股的决议，决议中明确规定股东宋大江以其在东湖公司20%的股权追加投资。追加投资完成后，宋大江取得了西山公司对应的股权。④⑤

问题：

1. 本案中，出租人是谁？为什么？

```
宋大江（出租人）────租赁────乙公司（承租人）
        ↑         商铺
        │         所有权人
     授权出租      │
        └──── 甲公司（担保人）
```

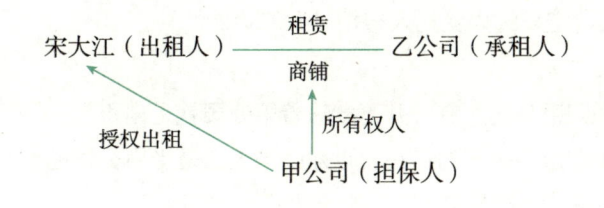

[案情与问题指向分析]

对应案情：从案情开头到标记①。

1. 宋大江出租给乙公司的商铺是甲公司的，甲公司授权宋大江向乙公司出租该商铺。上述事实在三方协议中得以体现，故乙公司知道上述事实。

2. 宋大江在三方协议中的"出租人"项下签字，表明三方协议中约定的"出租人"是宋大江。

3. 问题的指向是：

（1）甲公司是否因自己是商铺的所有权人而成为出租人？

（2）甲公司是否因自己"授权"宋大江出租商铺，而基于被代理人的地位，成为出租人？

[考点]

1. 无权处分的债权合同依然有效。相应地，债权合同的当事人地位，与标的物的所有权人是谁无关。

2. 受托人与相对人订立合同，相对人知道委托人的，原则上该合同约束委托人与相对人。但是，合同约定只约束受托人与相对人的除外。

[判断]

1. 租赁标的物归甲公司所有，并不意味着甲公司就是出租人。

2. 尽管乙公司知道甲公司的存在，也知道宋大江是受甲公司的委托出租商铺，但因租赁合同约定只约束乙公司与宋大江，故宋大江为出租人。

[作答]

宋大江。因为宋大江在三方协议中出租人项下签字，表明当事人达成了合同只约束宋大江与乙公司的约定，所以宋大江为租赁合同的出租人。

2. 乙公司请求宋大江支付迟延交房赔偿金和预付租金的 2 倍返还的主张，能否成立？为什么？

```
                    ①迟延交房赔偿金
                    ②预付租金2倍
        乙公司 ——————————————— 宋大江
                       合同解除
```

[案情与问题指向分析]

对应案情：从标记①到标记②。

1. "迟延交房赔偿金"是什么性质？

2. "预付租金 2 倍"是什么性质？

[考点]

1. 当事人约定,一方违约,应向对方支付一定数额金钱的,为违约金。
2. 当事人约定,一方违约,应向对方支付对方已付金钱 2 倍的,为定金。
3. 合同中既约定违约金,又约定定金,债务人违约的,债权人择一主张。

[判断]

1. "迟延交房赔偿金"的约定,具有"一方违约,向另一方支付一定数额金钱"的特点,性质是违约金。
2. "预付租金 2 倍"的约定,具有"一方违约,应向对方支付对方已付金钱 2 倍"的特点,性质是定金。需要注意的是,本题中的预付租金,同时具有"预付租金"和"定金"的双重效力。
3. 违约金与定金并存于同一合同,债权人乙公司需择一主张,而不得同时主张。

[作答]

不能。因为"迟延交房赔偿金"的性质为违约金,"预付租金 2 倍"的性质为定金,同一合同中既有违约金又有定金的,乙公司需择一主张,所以乙公司的主张不能成立。

3. 甲公司的保证责任是否消灭?为什么?

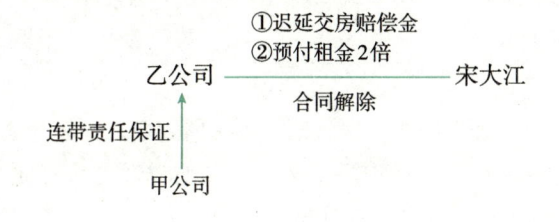

```
                    ①迟延交房赔偿金
                    ②预付租金2倍
      乙公司 ──────────────────── 宋大江
        ↑            合同解除
   连带责任保证
        │
      甲公司
```

[案情与问题指向分析]

对应案情：从标记②到标记③。

1. "三方协议"约定，若宋大江迟延交房1个月（至2020年5月1日），乙公司有权解除租赁合同，并请求宋大江承担违约责任，且甲公司应对乙公司合同解除后宋大江违约责任的承担负连带保证责任。

2. 甲公司的保证责任未约定保证期间，故甲公司的保证期间为"主债到期之日起6个月"。

3. 甲公司"以保证期间的起算点应为2020年5月1日计算为由，主张保证期间已经届满"，意思是说，甲公司认为，既然自己的保证责任是合同解除后宋大江所应承担的违约责任的履行，那么"主债到期日"便应当是乙公司解除权成立之日（2020年5月1日），而乙公司请求自己承担保证责任的时间为2020年12月1日，故6个月的保证期间已过。

4. 问题的指向是：甲公司保证责任起算点，即"主债到期日"，是否应当是"乙公司解除权成立之日"？

[考点]

1. 保证合同未约定保证期间的，保证期间为主债到期之日起6个月。

2. 债权人应当在保证期间内行使保证权，否则保证权消灭。在连带责任保证中，保证权行使的方式，为请求保证人承担保证责任。

[判断]

1. "主债到期日"，含义应当是"主债务应当履行之日"。本题中，宋大江在合同解除后所应当履行的违约责任，应当以"解除权的行使"（而非"解除权的成立"）为条件。

2. 2020年12月1日，乙公司通知宋大江解除合同的同时，便请求甲公司承担保证责任，故保证期间并未届满。

[作答]

否。因为乙公司与甲公司的保证合同没有约定保证期间，所以保证期间应当为宋大江违约责任之债务到期之日起6个月。又因为甲公司所担保的宋大江的主债务为租赁合同解除后的违约责任，需要以乙公司行使解除权为主债务的履行条件，所以该主债务的到期之日为乙公司行使解除权之日，甲公司的保证期间并未届满，保证责任并未消灭。

4. 乙公司对西山公司主张代位权，是否于法有据？为什么？

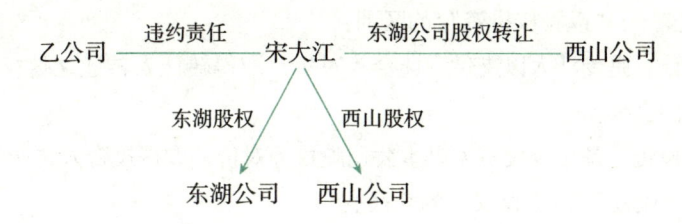

```
乙公司 ——违约责任—— 宋大江 ——东湖公司股权转让—— 西山公司
                    ↙东湖股权  ↘西山股权
                东湖公司      西山公司
```

[案情与问题指向分析]

对应案情：从标记③到标记④。

1. 宋大江作为出租人与乙公司订立商铺租赁合同后，因迟延交房，需承担合同解除后的违约责任，故宋大江是乙公司的"债务人"。

2. 宋大江在负担违约责任之债务后，将自己持有的东湖公司股权转让给西山公司。乙公司认为，既然是"股权转让"，西山公司便应当支付股权受让金，即西山公司是宋大江的"债务人"。这是乙公司对西山公司提起代位权之诉的原因。

3. 宋大江和西山公司所主张的宋大江向西山公司的股权转让是"追加投资"，意思是，宋大江本来就是西山公司的股东，现西山公司要增资扩股，需要宋大江追加投资，宋大江遂以其在东湖公司的股权作为标的追加了投资。这也就意味着，西山公司对宋大江并不存在"受让金"债务。上述事实已经由宋大江和西山公司举证证明。

[考点]

"股权转让"与"以股权投资"的区别：

1. 股权转让，是受让人以支付受让金为对价，取得转让人转让之股权，即"股权"和"受让金"的交换。

2. 以股权投资，是接受投资人以本公司股权为对价，取得投资人转让的、另一家公司的股权，即"股权"和"股权"的交换。

[判断]

1. 宋大江与西山公司之间的《股权转让合同》，本质是"以股权投资"，西山公司并不承担"受让金"债务。

2. 基于"以股权投资"的交易，西山公司受让东湖公司股权后，对宋大江承担交付本公司股权的债务，但该债务已经履行。

综上，基于《股权转让合同》，西山公司对宋大江不承担任何债务，不是次债务人，故乙公司的代位权之诉不能成立。

[作答]

于法无据。因为宋大江与西山公司的《股权转让合同》的性质是"以股权投资"，西山公司并不承担受让金债务，且西山公司的股权交付债务已经履行完毕，西山公司并非次债务人，所以乙公司的代位权主张于法无据。

5. 乙公司对宋大江的股权转让行为能否主张撤销权？为什么？

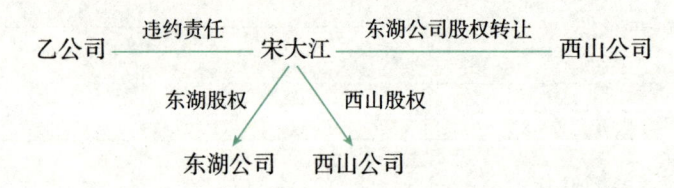

```
乙公司 ——违约责任—— 宋大江 ——东湖公司股权转让—— 西山公司
                    ↙东湖股权  ↘西山股权
                东湖公司      西山公司
```

_____

_____

_____

_____

[案情与问题指向分析]

对应案情：从标记③到标记⑤，与第4问相同，故属于就同一案情的第二次设问。

1. 宋大江对乙公司负担租赁合同上的违约责任后，以其在东湖公司的股权向西山公司追加投资。

2. 乙公司认为，宋大江的上述行为导致了宋大江对东湖公司股权的消灭，构成不当处分，故欲主张债权人的撤销权。

3. 问题的指向是：宋大江以东湖公司的股权向西山公司追加投资的行为，是否构成不当处分行为？

[考点]

不当处分行为的类型：

1. 无偿处分行为，即债务人向第三人无偿转让或放弃其财产、权利或利益。

2. 不等价处分行为，即债务人以明显不合理的低价（达不到正常价格的70%）转让财产，或债务人以明显不合理的高价（超过正常价格的30%）受让财产。

3. 为他人债务担保，即债务人向第三人提供担保，担保他人对第三人债务的履行。

[判断]

本题需要判断的是，宋大江与西山公司的交易，是否构成"无偿处分"或"不等价处分"。

1. 宋大江以东湖公司的股权向西山公司追加投资，并非赠与，西山公司是要支付对价的，对价就是西山公司的股权。因此，"无偿处分"排除。

2. 西山公司接受宋大江追加的投资后，将本公司的股权给了宋大江。案件中并无"宋大江投资的东湖公司股权"与"宋大江取得的西山公司股权"之间不等价的案情，因此不能认定宋大江构成"不等价处分"。

综上，乙公司不能对宋大江主张撤销权。

[作答]

否。因为宋大江并非无偿处分东湖公司的股权，也非以明显不合理的低价处分，不构成不当处分行为，所以乙公司不能主张撤销权。

6. 如果2020年4月1日，宋大江如约将商铺交付给乙公司，乙公司于10日后得知甲公司已于1年前将该商铺抵押给了建设银行，并办理了抵押登记。现建设银行起诉至法院，主张行使抵押权。此时，乙公司可采取何种法律手段，以达到继续使用该商铺的目的？为什么？

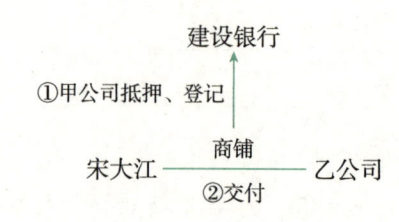

```
                    建设银行
                      ↑
        ①甲公司抵押、登记
                         商铺
           宋大江 ——————— 乙公司
                    ②交付
```

[案情与问题指向分析]

对应案情：本题是前述案情之外的设问案情。

1. 乙公司租赁商铺后，因该商铺已经抵押给建设银行，并且办理了抵押登记，现建设银行欲行使抵押权，意味着该商铺将被建设银行依法拍卖或变卖，该商铺的所有权将会发生变动。

2. 承租人在租赁物所有权发生变动的情况下，为维持其租赁的稳定性，可采取两种手段：①主张优先购买权；②主张买卖不破租赁。

3. 问题的指向是：

（1）乙公司能否主张优先购买权？

（2）乙公司能否主张买卖不破租赁？

[考点]

1. 承租人优先购买权的条件

（1）房屋承租人可享有优先购买权。

（2）房屋承租人的优先购买权，受到如下限制：

第一，出租人的共有人主张优先购买权；

第二，出租人将租赁物出卖给近亲属；

第三，买受人已经办理了过户登记；

第四，承租人收到转让通知后15日内未主张优先购买权；

第五，出租人通过拍卖方式出卖租赁物，承租人未参加拍卖。

2. 买卖不破租赁的条件

（1）任何占有标的物的承租人，均可主张买卖不破租赁之保护。

（2）买卖不破租赁之保护的限制

第一，出租前，租赁物已经抵押并且登记；

第二，出租前，租赁物已经抵押但未登记，承租人知道或应当知道该抵押权存在；

第三，出租前，租赁物已经被查封、扣押。

[判断]

1. 乙公司为不动产承租人，且不存在优先购买权的限制事由，故其可以行使优先购买权。

2. 因存在"租赁前，租赁物已经抵押并且登记"的事实，故乙公司不得主张买卖不破租赁。

[作答]

行使优先购买权。因为乙公司是房屋承租人，在出租人转让租赁物与受让人时，享有同等条件下的优先购买权，且案情中不存在优先购买权的限制事由，所以乙公司可以行使优先购买权。

7. 如果宋大江、甲公司、乙公司三方协议约定："宋大江承诺该商铺上不存在他人的抵押权。否则，宋大江、甲公司连带向乙公司支付违约金30万元。"2020年4月1日，宋大江如约将商铺交付给乙公司，乙公司于10日后得知甲公司已于1年前将该商铺抵押给了建设银行，并办理了抵押登记。2020年12月1日，乙公司请求宋大江、甲公司连带支付违约金30万元。甲公司提出两项抗辩理由：①自己并非出租人，与乙公司并无租赁关系，没有违约金责任可言；②保证期间已经届满。甲公司的抗辩理由能否成立？为什么？

```
                        建设银行
            ①甲公司抵押、登记    ↑
                        商铺
            宋大江 ——————— 乙公司
                     ②交付
          （约定无抵押，否则宋大江、甲公司连带支付违约金）
```

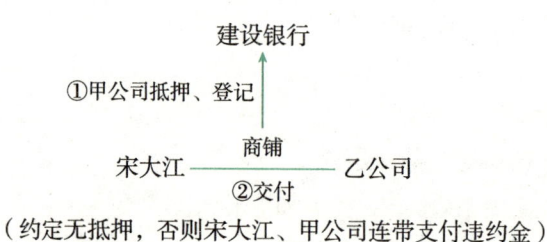

[案情与问题指向分析]

对应案情：本题是前述案情之外的设问案情。

1. 宋大江违反了"商铺上不存在他人抵押权"的允诺，故对乙公司构成违约，依据约定，应承担违约金 30 万元。

2. 对于甲公司的第 1 项抗辩事由，问题的指向是：甲公司并非租赁合同的出租人，根据"连带承担违约金"的约定，是否承担违约金？

3. 对于甲公司的第 2 项抗辩事由，问题的指向是：甲公司并非租赁合同的当事人，"连带承担违约责任"的约定是否构成甲公司为宋大江的违约金责任提供连带责任保证？如果是，则需进一步判断保证期间是否届满；如果不是，则甲公司的主张直接不能成立。

[考点]

1. 债务加入（并存的债务承担）

（1）含义：第三人加入债务人的行列，与债务人承担连带债务；

（2）通知到达债权人，债务加入完成。

2. 保证允诺

（1）表明责任，即第三人向债权人表明，债务人到期不履行债务，自己履行之；

（2）表明身份，即第三人向债权人表明，自己是保证人。

[判断]

1. "三方协议"中"甲公司与宋大江连带向乙公司支付违约金30万元"的约定，构成甲公司加入宋大江对乙公司的违约金债务。故甲公司的第1项抗辩事由（"不是当事人就不会有违约责任"）不能成立。

2. "三方协议"中"甲公司与宋大江连带向乙公司支付违约金30万元"的约定，并未表明"宋大江不承担违约责任时，甲公司承担之"，也未表明甲公司为"保证人"，故不存在保证允诺。该项约定只构成债务加入，而不构成保证。既然不构成保证，便不存在保证期间的适用问题，故甲公司的第2项抗辩事由（"保证期间已经届满"）不能成立。

[作答]

均不能成立。因为"三方协议"中的约定构成甲公司对宋大江违约金责任的债务加入，且乙公司已经知晓，所以甲公司的第1项抗辩事由不能成立；因为"三方协议"中的约定并未表明甲公司是保证人，也未表明甲公司承担保证责任，所以甲公司不是保证人，不适用保证期间的规定，甲公司的第2项抗辩事由不能成立。

案例四 《借款融资管理合同》案

案情：

2020年2月1日，西山公司与东湖公司订立《借款合同》，约定西山公司借给东湖公司资金1000万元，合同订立后3周内，西山公司分3次交付借款，借期1年，自每笔借款交付之日起计算。利息按照1年期贷款市场报价利率的4倍计算。《借款合同》订立的当日，东湖公司、金城律师事务所（以下简称"金城所"）和宋大江订立《借款融资管理合同》，约定金城所受东湖公司委托，负责东湖公司从西山公司借款事宜中与西山公司的沟通工作，以确保西山公司借款的交付。西山公司将每期资金转入东湖公司指定的账户，即视为金城所管理义务履行完毕。金城所可获得借款金额10%的金融管理费（以下简称"管理费"），并在该笔借款到期后支付。宋大江为东湖公司向金城所的管理费给付义务承担连带责任保证。合同订立后，西山公司于2020年2月5日、2月15日、2月20日分别向东湖公司指定账户转款300万元、400万元、300万元。及至2021年，东湖公司分别于2月5日、2月15日、2月20日向西山公司偿还了借款本金及利息，但并未向金城所支付管理费。金城所遂向法院提起诉讼，请求东湖公司依据《借款融资管理合同》的约定，支付管理费100万元，并请求宋大江承担保证责任。①经法院审理查明：第一，2020年12月20日，经宋大江介绍，西山公司委托金城所为其代理诉讼，约定代理费100万元。案件胜诉后，西山公司并未向金城所支付代理费。宋大江与金城所多次催要未果。第二，《借款融资管理合同》是应西山公司的要求而订立，是西山公司借款给东湖公司的条件，且金城所作为管理人，也是西山公司指定的。②③

2022年4月，东湖公司与北辰公司订立《物流服务合同》，约定由北辰公司负责东湖公司的物流服务，期限3年，物流服务的运费按照北辰公司向社会报价的9成计算，分次结算，北辰公司未经东湖公司的书面同意，不得对货物采取留置措施。④2022年5月，因东湖公司从广东深圳购买一批原材料A，遂委托北辰公司办理海运事宜。北辰公司遂与南洋公司订立《航次租船合同》，约定南洋公司为北辰公司承运原材料A和货物B，从深圳盐田港装货，原材料A运至浙江宁波港卸货，货物B运至天津港卸货，运费分别为600万元和1000万元，自船舶到岸后、卸货前支付。合同订立后，北辰公司和南洋公司分别在"托运人"和"承运人"项下签字盖章。⑤经查，货物B是北辰公司的货物。此外，因北辰公司对南洋公司欠付以前海运租金 1000 万元未付，双方又订立《历史运费清结合同》，约定北辰公司在本次货运船舶到达宁波港前付清所有运费，否则，南洋公司可留置承运货物。南洋公司在盐田港装货后，将货物运抵宁波港，因北辰公司既未清结历史运费，也未清结本次运费，南洋公司遂将承运的原材料 A 和货物 B 卸货后留置。⑥⑦

问题：

1. 《借款融资管理合同》效力如何？为什么？

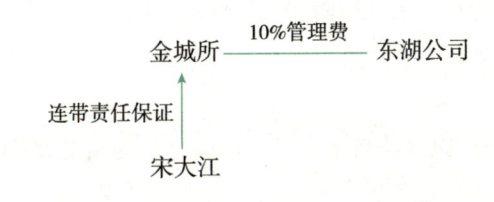

```
                10%管理费
    金城所 ←─────────────→ 东湖公司
      ↑
 连带责任保证
      │
    宋大江
```

[案情与问题指向分析]

对应案情：从案情开头到标记①。

1. 原则上，合同成立即为有效，约定即要履行，除非合同中存在无效事由。

2. 问题的指向是：《借款融资管理合同》是否存在无效事由？

3. 从《借款融资管理合同》的内容来看，其相对于《借款合同》中西山公司借款的交付而言，是多余的。

（1）非自然人之间的民间借贷，除当事人约定为实践合同外，为诺成合同。本题中，西山公司与东湖公司的《借款合同》并未约定为实践合同，故为诺成合同。

（2）《借款合同》的诺成合同性质意味着，该合同一经成立，西山公司便负有交付借款的债务，否则将承担违约责任。因此，西山公司既然愿意和东湖公司订立《借款合同》，已经表明其出借资金的意愿，无需再以金城所的"沟通"为条件。

（3）由此可见，《借款融资管理合同》不过是找个理由，让金城所获得10%的管理费。换言之，《借款融资管理合同》是为了掩盖某一隐藏意思表示的虚假意思表示。

[考点]

虚假意思表示：
1. 虚假意思表示是当事人为掩盖隐藏意思表示而作出的不真实的意思表示。
2. 虚假意思表示无效。

[判断]

《借款融资管理合同》以掩盖当事人某一真实交易为目的，构成虚假意思表示，依法无效。

[作答]

无效。因为在西山公司与东湖公司《借款合同》的履行中，《借款融资管理合同》并无存在的必要，构成虚假意思表示，依法无效。

2. 金城所是否有权请求东湖公司支付管理费？为什么？

金城所 —诉讼费100万元— 西山公司 —利息LPR×4— 东湖公司
                                                    ↓10%管理费
                                                    金城所

[案情与问题指向分析]

对应案情：从标记①到标记②。

1. 问题的指向是：既然东湖公司与金城所订立的《借款融资管理合同》是虚假意思表示，那么金城所能否依据其所掩盖的隐藏意思表示，请求东湖公司支付管理费？

2. 问题的指向进而是：《借款融资管理合同》所掩盖的隐藏意思表示究竟是什么？

3. 由"西山公司对金城所欠付诉讼代理费100万元"、"西山公司将《借款融资管理合同》作为《借款合同》订立之条件"以及"西山公司指定金城所作为管理人"的三项事实可知，《借款融资管理合同》的真实意图在于：西山公司以借款为条件，让东湖公司偿付西山公司对金城所的代理费债务。

4. 由此可见，在该项借款交易中，东湖公司为获得借款所付出的成本不仅包括对西山公司所应支付的利息，还包括对金城所支付的"管理费"。

5. 可以确定，"管理费"是借款交易中利息的组成部分。《借款融资管理合同》所掩盖的隐藏意思表示是，西山公司指示东湖公司将本应向西山公司所支付的利息之一部分支付给金城所，用以清偿西山公司对金城所的代理费债务。

[考点]

1. 隐藏意思表示的效力，依照法律的规定判断。

2. 民间借贷合同高利贷的认定及效力

（1）民间借贷合同约定的年利率，超过"1年期贷款市场报价利率"4倍的部分，构成高利贷；

（2）高利贷的部分，无效。

[判断]

1.《借款合同》中约定的利率，已经是"1年期贷款市场报价利率"的4倍，故"管理费"构成高利贷，无效。

2. 金城所无权请求东湖公司支付该笔费用。

[作答]

否。因为《借款融资管理合同》所掩盖的隐藏意思表示是东湖公司需额外支付借款利息，即管理费，该笔利息超过了1年期贷款市场报价利率的4倍，构成高利贷，依法无效，所以金城所无权请求东湖公司支付管理费。

3. 宋大江是否应对金城所的损失承担赔偿责任？为什么？

```
            诉讼费100万元              利息LPR×4
  金城所 ←─────────────── 西山公司 ──────────────── 东湖公司
         （宋大江催要）                                │
                                                    │10%管理费
                                                    ↓
                              宋大江 ──────→ 金城所
                                       保证
```

[案情与问题指向分析]

对应案情：从标记①到标记③，与第2问相同，故属于就同一案情的第二次设问。

1. 宋大江为金城所在《借款融资管理合同》中的管理费债权的实现，提供连带责任保证。在该保证关系中：

（1）主债关系，是金城所与东湖公司的《借款融资管理合同》关系；

（2）保证关系，是宋大江与金城所的保证合同关系。

2. 金城所与东湖公司的《借款融资管理合同》无效，故宋大江与金城所的保证合同随之无效。

3. 问题的指向是：在保证合同无效的情况下，宋大江是否应当对金城所承担赔偿责任？

[考点]

担保合同因主合同无效而无效的：

1. 担保人无过错的，无需承担赔偿责任。

2. 担保人有过错的，承担不超过债权人不能受偿部分1/3的赔偿责任。

[判断]

1. "宋大江催要代理费"的事实，表明宋大江知道西山公司对金城所欠付代理费的事实，进而知道或应当知道《借款融资管理合同》真实的交易目的。

2. 因此，宋大江对保证合同的无效具有过错，应当承担不超过金城所不能受偿的代理费 1/3 的赔偿责任。

[作答]

是。因为《借款融资管理合同》作为主合同无效，宋大江与金城所的保证合同作为从合同也随之无效，宋大江对保证合同的无效具有过错，所以其应当承担不超过金城所不能受偿损失 1/3 的赔偿责任。

4. 如果《物流服务合同》订立后，北辰公司作为承运人的一次货运完成后，东湖公司未如约支付运费，北辰公司可否不经东湖公司的同意，留置其所承运的货物？为什么？

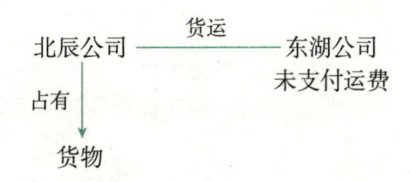

```
              货运
北辰公司 ————— 东湖公司
  │              未支付运费
占有
  ↓
 货物
```

[案情与问题指向分析]

对应案情：从标记③到标记④。

1. 东湖公司与北辰公司存在货运合同，东湖公司为托运人，北辰公司为承运人。
2. 东湖公司的支付运费义务与北辰公司的交货义务为同一法律关系，具有同一性。
3. 东湖公司未如约支付运费，北辰公司具备了留置权的要件。

4. 东湖公司与北辰公司在《物流服务合同》中约定，北辰公司未经东湖公司同意，不得留置承运的货物。

5. 由此，问题的指向是：在留置权的要件已经具备，但债权人、债务人约定未经债务人同意，债权人不得留置标的物的情况下，债权人可否依法留置标的物？

[考点]

留置权的限制：法律规定或当事人约定不得留置的，不得留置。

[判断]

尽管北辰公司具备了留置权的成立要件，但东湖公司与北辰公司的约定构成对留置权的限制。故未经东湖公司同意，北辰公司不得留置。

[作答]

否。因为东湖公司与北辰公司约定，未经东湖公司同意，北辰公司不得留置，该约定构成了对留置权的限制，所以北辰公司未经东湖公司的同意，不得留置承运的货物。

5. 由谁承担向南洋公司支付原材料 A、货物 B 的运费义务？为什么？

```
                        东湖公司
                    委托 ↓
              北辰公司 ——航次租船合同—— 南洋公司
            （以自己的名义）
```

[案情与问题指向分析]

对应案情：从标记④到标记⑤。

1. 向南洋公司支付运费的义务是合同债务，由相对人（托运人）承担。

2. 问题的指向是：谁是托运人？

3. 北辰公司与南洋公司订立《航次租船合同》是受东湖公司的委托。但"《航次租船合同》约定南洋公司为北辰公司承运原材料A和货物B"以及"北辰公司在'托运人'项下签字"的事实，表明北辰公司是以自己的名义与南洋公司订立的航次租船合同。

4. 问题的进一步指向是：在北辰公司受东湖公司之托，以自己的名义与南洋公司订立的《航次租船合同》中，谁是托运人？

[考点]

受托人与相对人订立合同的约束对象：

1. 相对人不知道委托关系的，该合同约束受托人与相对人。

2. 相对人知道委托关系的，该合同约束委托人与相对人，但合同约定只约束受托人与相对人的除外。

[判断]

北辰公司以自己的名义与南洋公司订立《航次租船合同》，且本题中并无南洋公司知道东湖公司之情节，故可认定南洋公司不知道委托关系，《航次租船合同》约束北辰公司与南洋公司，北辰公司应当承担运费债务。

[作答]

北辰公司。因为北辰公司受东湖公司委托，<u>以自己的名义与南洋公司订立《航次租船合同》</u>，<u>南洋公司不知道东湖公司与北辰公司的委托关系，合同约束北辰公司和南洋公司</u>，所以北辰公司应当承担运费债务。

6. 南洋公司可否以本次运费未予清结为由，留置原材料A和货物B？为什么？

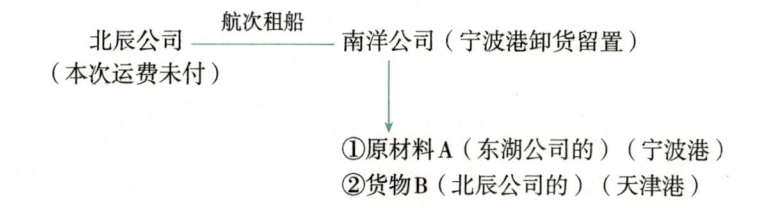

```
                 航次租船
   北辰公司 ──────────────→ 南洋公司（宁波港卸货留置）
（本次运费未付）                    │
                                  ↓
                         ①原材料A（东湖公司的）（宁波港）
                         ②货物B（北辰公司的）（天津港）
```

[案情与问题指向分析]

对应案情：从标记⑤到标记⑥。

1. 关于原材料 A

（1）南洋公司交付原材料 A 的义务和北辰公司支付原材料 A 运费的义务均基于《航次租船合同》，具有同一性。

（2）《航次租船合同》约定的原材料 A 的运费支付条件是，"船舶到达宁波港后，卸货前支付"。南洋公司已经将原材料 A 运抵宁波港，其承运义务已经履行完毕，符合北辰公司支付运费的条件，但北辰公司未如约支付原材料 A 的运费。

（3）原材料 A 是东湖公司的，不属于运费债务人北辰公司。

（4）东湖公司与北辰公司的《物流服务合同》约定，未经东湖公司同意，北辰公司不得留置。

（5）问题的指向是：

第一，依照法律的规定，南洋公司可否留置不属于债务人北辰公司的原材料 A？

第二，《物流服务合同》中限制留置权的约定，对上述法律判断能否产生影响？

2. 关于货物 B

（1）南洋公司交付货物 B 的义务和北辰公司支付货物 B 运费的义务均基于《航次租船合同》，具有同一性。

（2）《航次租船合同》约定的货物 B 的运费支付条件是，"船舶到达天津港后，卸货前支付"。但南洋公司并未将货物 B 运抵天津港，而是在宁波港卸货，其承运义务并未履行完毕，不符合北辰公司支付运费的条件。

（3）货物 B 属于运费债务人北辰公司。

（4）东湖公司与北辰公司的《物流服务合同》约定，未经东湖公司同意，北辰公司不得留置。

(5) 问题的指向是：

第一，依照法律的规定，南洋公司可否留置属于债务人北辰公司的货物 B？

第二，《物流服务合同》中限制留置权的约定，对上述法律判断能否产生影响？

[考点]

1. 合同具有同一性，合同以外的他人不受合同的约束。

2. 留置权的成立条件

(1) 法律关系具有同一性的，债权人可以留置不归属于债务人的动产；

(2) 债务到期不履行，为留置权的成立要件之一。

[判断]

1. 关于原材料 A

(1) 法律关系具有同一性，留置权的成立不受动产不归属于债务人北辰公司的影响；

(2) 北辰公司到期不履行支付运费的义务，南洋公司依法可以留置；

(3) 东湖公司与北辰公司在《物流服务合同》中对留置权限制的约定，对南洋公司的留置权不产生影响。

结论：南洋公司可以北辰公司未支付原材料 A 的运费为由，留置原材料 A。

2. 关于货物 B

(1) 因货物 B 并未运抵天津港，北辰公司不支付货物 B 的运费不构成"债务到期不履行"。南洋公司在货物 B 上的留置权不成立。

(2) 因东湖公司与北辰公司在《物流服务合同》中对留置权限制的约定，与法定结论相同，故无需考虑。

结论：南洋公司不可以北辰公司未支付货物 B 的运费为由，留置货物 B。

[作答]

可以留置原材料 A，但不得留置货物 B。因为北辰公司未如约支付原材料 A 的运费，构成债务到期不履行，且北辰公司支付原材料 A 的运费与南洋公司交付原材料 A 之间具有同一性，原材料 A 不归属于北辰公司不影响南洋公司对原材料 A 留置权的成立，所以南洋公司有权留置原材料 A。又由于南洋公司未将货物 B 运抵天津港，北辰公司支付货物 B 运费的条件并未具备，不构成债务到期不履行，所以南洋公司不得留置货物 B。

7. 北辰公司可否以历史运费未予清结为由，留置原材料 A 和货物 B？为什么？

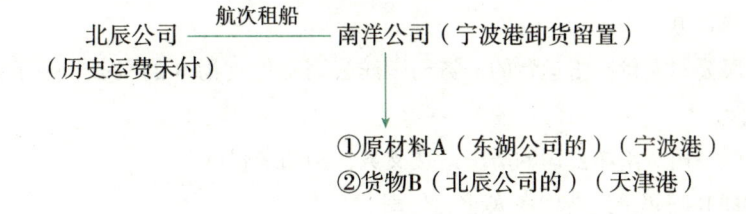

北辰公司 ——航次租船—— 南洋公司（宁波港卸货留置）
（历史运费未付）
　　　　　　　　　　　　↓
　　　　　　　　　　　①原材料A（东湖公司的）（宁波港）
　　　　　　　　　　　②货物B（北辰公司的）（天津港）

[案情与问题指向分析]

对应案情：从标记⑤到标记⑦，与第6问相同，故属于就同一案情的第二次设问。

1. 关于原材料A

（1）北辰公司支付历史运费的义务与南洋公司交付原材料A的义务非基于同一合同，不具有同一性。

（2）北辰公司对南洋公司的历史运费支付义务，到期未履行。

（3）原材料A是东湖公司的，不属于运费债务人北辰公司。

（4）北辰公司与南洋公司在《历史运费清结合同》中约定，"北辰公司在货物运抵宁波港时，未支付历史运费的，南洋公司可以留置原材料A"。

（5）问题的指向是：

第一，依照法律的规定，南洋公司可否因历史运费到期未履行，留置原材料A？

第二，《历史运费清结合同》中的约定对上述法律判断能否产生影响？

2. 关于货物B

（1）北辰公司支付历史运费的义务与南洋公司交付货物B的义务非基于同一合同，不具有同一性。

（2）北辰公司对南洋公司的历史运费义务，到期未履行。

（3）货物B归属于运费债务人北辰公司。

（4）北辰公司与南洋公司在《历史运费清结合同》中约定，"北辰公司在货物运抵宁波港时，未支付历史运费的，南洋公司可以留置货物 B"。

（5）问题的指向是：

第一，依照法律的规定，南洋公司可否因历史运费到期未履行，留置货物 B？

第二，《历史运费清结合同》中的约定对上述法律判断能否产生影响？

[考点]

1. 商事留置权的法律意义和成立要件

（1）商事留置权的法律意义：在构成商事留置权的情况下，债权人合法占有的债务人的动产纵然不具有同一性，债权人也可留置。

（2）商事留置权的成立要件

第一，债权人、债务人均为企业；

第二，债权人的债权为商事营业债权；

第三，法律关系不具有同一性的，动产需归属于债务人。

2. 合同的相对性，即合同以外的他人不受合同效力的约束。

[判断]

1. 关于原材料 A

（1）北辰公司、南洋公司均为企业，且南洋公司的"历史运费债权"为商事营业债权，故南洋公司符合商事留置权的前两项条件；

（2）法律关系不具有同一性，且原材料 A 不归属于债务人北辰公司，故南洋公司不具备商事留置权的第三项条件，不得对原材料 A 行使商事留置权；

（3）北辰公司与南洋公司在《历史运费清结合同》中"不付历史运费，可以留置原材料 A"的约定，根据合同的相对性，不应对东湖公司产生影响，故该项约定不影响"南洋公司不得留置原材料 A"的法律判断。

结论：南洋公司不得以北辰公司未支付历史运费为由，留置原材料 A。

2. 关于货物 B

（1）北辰公司、南洋公司均为企业，且南洋公司的"历史运费债权"为商事营业债权，故南洋公司符合商事留置权的前两项条件；

（2）法律关系不具有同一性，但货物 B 归属于债务人北辰公司，故南洋公司也具备商事留置权的第三项条件；

（3）北辰公司与南洋公司在《历史运费清结合同》中"不付历史运费，可以留置货物 B"的约定，与法定结论相同，故无需考虑。

结论：南洋公司可以北辰公司未支付历史运费为由，留置货物 B。

[作答]

可以留置货物 B，但不得留置原材料 A。因为北辰公司支付历史运费与南洋公司返还货物 B 之间的法律关系不存在同一性，但货物 B 归属于债务人北辰公司，南洋公司可对货物 B 行使商事留置权，所以南洋公司可以留置货物 B。又因为北辰公司支付历史运费与南洋公司返还原材料 A 之间法律关系不存在同一性，且原材料 A 不归属于债务人北辰公司，南洋公司不得对原材料 A 行使商事留置权，所以南洋公司不得留置原材料 A。

案例五 《船舶挂靠协议》案

案情：

2020年1月20日，孙晓玲购买船A，欲从事运营。因无法办理过户登记手续及运营手续，遂于同日与平湖船运公司（以下简称"平湖公司"）订立《船舶挂靠协议》（以下简称《挂靠协议1》），约定孙晓玲将船A挂靠在平湖公司名下，孙晓玲向平湖公司缴纳管理费，船A由孙晓玲运营支配，所有权也为孙晓玲所有。随后，在平湖公司的协助下，船A办理了所有权登记手续，登记在平湖公司名下，并办理了船A的运营手续。2020年1月25日，孙晓玲与宋大江订立《船舶买卖合同》，约定孙晓玲将船A以500万元的价格出卖给宋大江。合同订立的过程中，孙晓玲向宋大江说明了其购买船舶及挂靠的情况，并告知宋大江船舶转让后，由宋大江自行寻找挂靠单位。合同订立后，宋大江向孙晓玲支付了价款，孙晓玲也将船A交付予宋大江。同日，孙晓玲与平湖公司解除了《挂靠协议1》。2020年3月1日，宋大江与平湖公司订立《船舶挂靠协议》（以下简称《挂靠协议2》），约定宋大江将船A挂靠在平湖公司名下，宋大江向平湖公司缴纳管理费，船A由宋大江运营支配，所有权为宋大江所有。合同订立后，平湖公司出面办理了船A的运营手续。①

2020年5月10日，平湖公司与当地农商行订立《最高额借款合同》，约定农商行于2020年5月11日至2021年5月10日，向平湖公司连续发放贷款，总金额为800万元，各笔贷款的期间均为1年，自贷款发放日起算。同日，平湖公司找到孙晓玲，提出请孙晓玲协助平湖公司办理抵押登记手续，在事成后付给孙晓玲手续费1万元，孙晓玲表示同意。次日，平湖公司凭船A的所有权登记、孙晓玲凭当初购买船A的合同及《挂靠协议1》，与农商行订立了《最高额抵押合同》，约定平湖公司、孙晓玲以船A向农商行设立抵押，担保《最高额借款合同》项下的各笔债权。②③该合同订立后，农商行办理了船A的抵押登记手续。经查，当地船舶运营均为私人买船并挂靠经营，已经形成惯例。从农商行以往办理的贷款抵押业务来看，农商行知道这一惯例。④⑤2020年5月15日，花小容也与农商行订立《最高额保证合同》，约定花小容为农商行提供连带责任保证，担保《最高额借款合同》项下的各笔债权，但未约定保证期间。该合同为农商行事先印制，上面以印刷体记载"如果债务人到期不履行债务，无论是否存在其他担保人的担保，债权人均可对本合同的担保人主张担保权"的字样，且无特别提示。⑥及至2021年5月11日，农商行向平湖公司借款 5 笔，总计 750 万元，最后一笔贷款发生于 2021 年 4 月 15 日。2022 年 5 月 5 日，因平湖公司未偿还上述 5 笔贷款的本息，农商行遂诉至法院，请求对船 A 行使抵押权，并同时请求花小容承担保证责任。经宋大江申请，法院将宋大江列为第三人参与诉讼。⑦

问题：

1. 2020 年 3 月 1 日后，船 A 的所有权归属于谁？为什么？

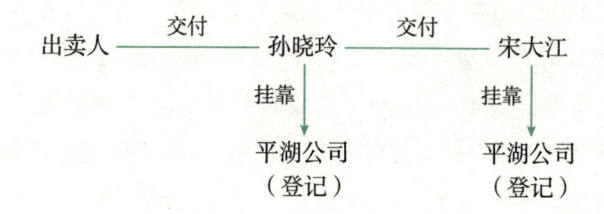

```
出卖人 ──交付──→ 孙晓玲 ──交付──→ 宋大江
                    │挂靠            │挂靠
                    ↓                ↓
                 平湖公司          平湖公司
                 （登记）          （登记）
```

[案情与问题指向分析]

对应案情：从案情开头到标记①。

1. 孙晓玲买得船 A，获得交付，挂靠后船 A 登记在平湖公司名下，约定所有权归属于孙晓玲。

2. 宋大江从孙晓玲处买得船 A，获得交付，挂靠平湖公司，约定所有权归属于宋大江。船 A 一直登记在平湖公司名下。

3. 问题的指向：

（1）孙晓玲买得船 A 却登记在平湖公司名下，孙晓玲是否取得了船 A 的所有权？

（2）孙晓玲向宋大江出卖船 A，是有权处分还是无权处分？

（3）宋大江买得船 A 但并未办理所有权登记，其是否取得了船 A 的所有权？

[考点]

1. 交通运输工具买卖中的物权变动：交通运输工具买卖，一经交付，所有权转移至买受人。

2. 处分权至取得方式

（1）无权处分，受让人符合善意取得要件的，可善意取得；

（2）有权处分，受让人继受取得，无需考虑善意取得的要件。

[判断]

1. 孙晓玲购买船 A，出卖人为有权处分，故一经交付，孙晓玲继受取得船 A 的所有权。同时，《挂靠协议1》中"所有权归孙晓玲"的约定，意味着船 A 登记在平湖公司名下的事实并非孙晓玲将船 A 的所有权让渡给平湖公司。

2. 宋大江从孙晓玲处购买船 A，孙晓玲也是有权处分，故一经交付，宋大江继受取得船 A 的所有权。同样，《挂靠协议2》中"所有权归宋大江"的约定，依然意味着宋大江并未将船 A 的所有权让渡给平湖公司。

结论：孙晓玲向宋大江交付船 A 时，船 A 就是宋大江的。

[作答]

宋大江。因为孙晓玲购买船 A 是基于出卖人的有权处分，所以交付后即继受取得船 A 的所有权，船 A 所有权登记在平湖公司名下并不影响孙晓玲对船 A 所有权的享有。又因为孙晓玲出卖船 A 给宋大江也是有权处分，交付后宋大江就继受取得了船 A 的所有权，船 A 所有权登记在平湖公司名下同样不影响宋大江对船 A 所有权的享有。

2. 孙晓玲是否有权请求平湖公司支付 1 万元的手续费？为什么？

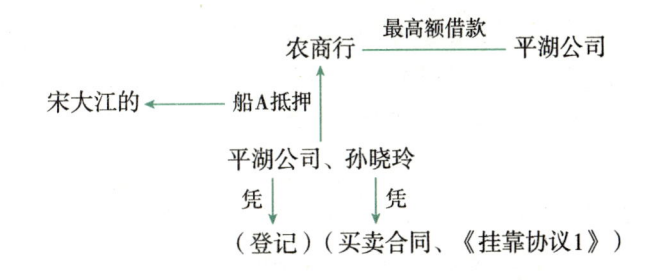

```
                    最高额借款
          农商行 ——————————— 平湖公司
                              ↑
  宋大江的 ←—— 船A抵押 ——
                              |
                        平湖公司、孙晓玲
                         凭 ↓    凭 ↓
                       （登记）（买卖合同、《挂靠协议1》）
```

[案情与问题指向分析]

对应案情：从案情标记①到标记②。

1. 平湖公司、孙晓玲将船 A 抵押给农商行，构成无权处分。

2. 平湖公司、孙晓玲明知船 A 的所有权归属于宋大江，仍然联合将船 A 抵押给农商行。

3. 问题的指向是：平湖公司、孙晓玲之间关于孙晓玲协助办理抵押登记手续，平湖公司支付 1 万元手续费给孙晓玲的约定，是否有效？

[考点]

1. 恶意串通的构成要件

（1）合同双方均知道其交易会损害第三方的利益；

（2）合同双方的交易具有不正常性。

2. 恶意串通的后果：合同双方构成恶意串通的，该合同无效。

[判断]

1. 在平湖公司和孙晓玲的约定中，双方都知道其约定会损害宋大江的利益，且约定孙晓玲以已经解除的《挂靠协议1》为凭据与农商行订立《最高额抵押合同》，交易具有不正常性，故该项约定构成恶意串通。

2. 因恶意串通的合同无效，孙晓玲不享有请求平湖公司支付 1 万元手续费的债权。

[作答]

否。因为船 A 归宋大江所有，平湖公司与孙晓玲之间关于孙晓玲协助办理抵押登记手续的约定构成恶意串通，损害了宋大江的利益，依法无效，所以孙晓玲无权依据该约定请求平湖公司支付手续费。

3. 宋大江可否以平湖公司与孙晓玲恶意串通为由，主张《最高额抵押合同》无效？为什么？

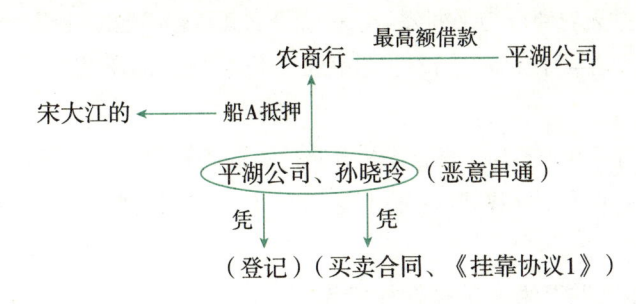

```
                        最高额借款
              农商行 ————————————— 平湖公司
                                        ↑
    宋大江的 ←———— 船A抵押 ————————————
              ( 平湖公司、孙晓玲 )（恶意串通）
                   凭↓        ↓凭
               （登记）（买卖合同、《挂靠协议1》）
```

[案情与问题指向分析]

对应案情：从标记①到标记③，与第 2 问相同，故属于就同一案情的第二次设问。

1. 平湖公司、孙晓玲将船 A 抵押给农商行，构成无权处分。
2. 平湖公司、孙晓玲构成恶意串通。
3. 问题的指向是：平湖公司、孙晓玲构成恶意串通，能否导致平湖公司、孙晓玲与农商行之间的《最高额抵押合同》无效？

[考点]

恶意串通的合同无效，是指合同双方当事人恶意串通的，该合同无效。

[判断]

1. 平湖公司与孙晓玲之间的恶意串通，只会导致平湖公司与孙晓玲之间的合同无效，并不会导致平湖公司、孙晓玲与农商行之间的《最高额抵押合同》无效。

2. 只有在有证据表明农商行与平湖公司、孙晓玲之间存在恶意串通的情况下，方可认定《最高额抵押合同》因恶意串通而无效。

3. 本题中，并无农商行与平湖公司、孙晓玲之间恶意串通的证据。

结论：平湖公司与孙晓玲之间的恶意串通，不会导致《最高额抵押合同》的无效。

[作答]

否。因为农商行并未参与平湖公司与孙晓玲之间的恶意串通，所以平湖公司和孙晓玲之间的恶意串通并不会导致其与农商行之间的《最高额抵押合同》无效。

4. 农商行能否取得船 A 的抵押权？为什么？

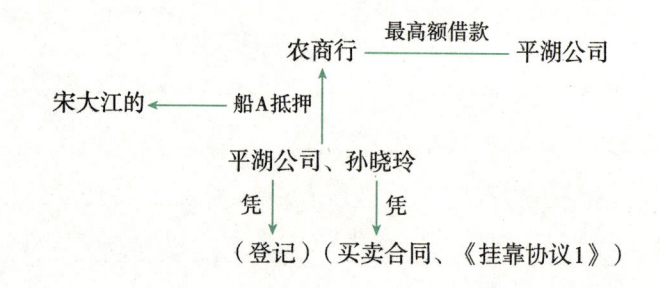

```
                  最高额借款
         农商行 ———————————— 平湖公司
           ↑
           │ 船A抵押
 宋大江的 ←————————
           平湖公司、孙晓玲
             凭↓       凭↓
          （登记）（买卖合同、《挂靠协议1》）
```

[案情与问题指向分析]

对应案情：从标记③到标记④。

1. 平湖公司、孙晓玲将船 A 抵押给农商行，构成无权处分。

2. 农商行符合善意取得条件的，可以善意取得。

3. 农商行基于对"私人购买、挂靠经营"惯例的知悉，应当知道船A虽登记在平湖公司名下，但其可能不是平湖公司的。

4. 孙晓玲出示购买船A的合同及《挂靠协议1》，并在《最高额抵押合同》上签字。

5. 问题的指向是：农商行能否善意取得船A上的抵押权？

[考点]

善意取得中的"善意"的要件：

1. 消极善意，即受让人不知道也不应当知道处分人为无权处分。

2. 积极善意，即受让人基于处分人所具有的"所有权人的外观"，相信其为有权处分。一般来讲，在交通运输工具的无权处分中，"所有权人的外观"是指无权处分人对标的物的登记。

[判断]

1. 农商行接受船A抵押时，并不知道也不应当知道船A为宋大江所有，构成消极善意。

2. 农商行知道惯例的存在，就应当知道登记在平湖公司名下的船A未必是平湖公司的，也可能是真正的所有权人挂靠的。因此不能排除平湖公司存在无权处分的可能性。

3. 孙晓玲出示买船合同和《挂靠协议1》，并在《最高额抵押合同》上签字的事实，向农商行连续地展示出"孙晓玲买船、挂靠且同意抵押"的外观，从而使农商行产生了对此外观的信赖，补足了平湖公司对船A的所有权登记公信效力的不足。

结论：农商行具备善意取得中的"善意"的要件，可以善意取得船A的抵押权。

[作答]

能。因为船A归宋大江所有，平湖公司、孙晓玲将船A向农商行抵押的行为是无权处分。虽然农商行知悉"私人买船、挂靠经营"这一惯例，但是船A所有权登记在平湖公司的名下，且孙晓玲出示的买船合同与《挂靠协议1》显示出该抵押为有权处分的外观，所以农商行可以善意取得船A的抵押权。

5. 宋大江可否请求平湖公司、孙晓玲承担赔偿责任？为什么？

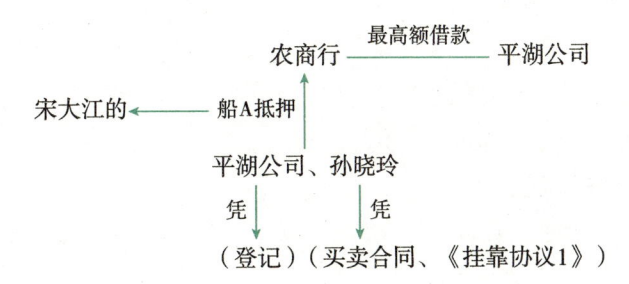

```
                        最高额借款
              农商行 ——————————— 平湖公司
                ↑
    宋大江的 ←—— 船A抵押
                        平湖公司、孙晓玲
                         凭↓        凭↓
                    （登记）（买卖合同、《挂靠协议1》）
```

[案情与问题指向分析]

对应案情：从标记③到标记⑤，与第4问相同，故属于就同一案情的第二次设问。

1. 平湖公司、孙晓玲将船A抵押给农商行，构成无权处分。
2. 平湖公司、孙晓玲均知悉船A归属于宋大江的事实，且共同实施无权处分行为。
3. 平湖公司、孙晓玲将船A抵押给农商行，使宋大江遭受了损失。
4. 问题的指向是：宋大江可否凭违约责任、侵权责任或缔约过失责任，请求平湖公司、孙晓玲承担赔偿责任？

[考点]

1. 关于违约赔偿责任

违约赔偿责任的承担，需要以合同关系的存在，且债务人违反合同债务为条件。

2. 关于侵权赔偿责任

（1）侵权赔偿责任的承担，无需考虑合同关系，但通常需以当事人的过错为条件；

（2）2个或2个以上存在意思联络的侵权人共同实施侵权行为，造成同一损害的，构成共同加害侵权，应承担连带侵权责任。

3. 关于缔约过失责任

缔约过失责任的承担，需以双方存在缔约关系，且一方违反先合同义务为条件。

[判断]

1. 宋大江与平湖公司之间存在《挂靠协议 2》,其中存在"所有权归宋大江"的约定,从中可推知平湖公司负担不得基于所有权登记擅自处分船 A 的合同债务。据此,平湖公司抵押船 A 给农商行的行为构成《挂靠协议 2》上的违约。故宋大江可基于违约责任请求平湖公司赔偿。

2. 平湖公司、孙晓玲明知船 A 归属于宋大江,却共同将其抵押,对宋大江的损害具有故意的过错,故对宋大江构成侵权。且因平湖公司与孙晓玲之间存在意思联络,故宋大江可基于共同加害侵权请求平湖公司和孙晓玲承担连带赔偿责任。

3. 平湖公司、孙晓玲在将船 A 抵押时,与宋大江之间均不存在缔约关系,故没有缔约过失责任可言。

[作答]

可以。因为平湖公司将船 A 抵押的行为违反了《挂靠协议 2》中的债务,所以宋大江可基于违约责任请求平湖公司赔偿损失。又因为平湖公司和孙晓玲共同将船 A 抵押的行为具有意思联络,二人也均具有过错,所以宋大江可基于共同加害行为请求平湖公司和孙晓玲承担连带侵权赔偿责任。

6. 花小容能否主张《最高额保证合同》中的格式条款无效?为什么?

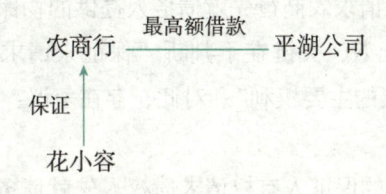

```
                    最高额借款
        农商行 ─────────────── 平湖公司
          ↑
        保证
          │
        花小容
```

[案情与问题指向分析]

对应案情：从标记⑤到标记⑥。

1. 本问中所称的"《最高额保证合同》中的格式条款"，是指花小容和农商行所订立的《最高额保证合同》中作为格式条款的"如果债务人到期不履行债务，无论是否存在其他担保人的担保，债权人均可对本合同的担保人主张担保权"的约定。

2. "上述字样并无特别提示"的案情表明，农商行对上述条款未尽提示注意和说明义务。

3. 问题的指向是：上述格式条款是否应属无效？

[考点]

1. 混合担保，各担保人未与债权人约定各自承担担保责任的份额、顺序或约定不明的，债权人应当先就债务人提供的物保主张受偿。

2. 格式条款效力规则

（1）格式条款约定排除或不合理地限制对方主要权利的，该条款无效；

（2）格式条款约定限制对方主要权利的，格式条款的提供者应当承担提示注意和说明义务，否则该条款不构成合同的内容。

[判断]

1. 本题《最高额保证合同》中格式条款的约定的目的在于，倘若农商行受到债务人物保之担保，花小容不得请求农商行先就债务人提供的物保受偿。

2. 该项约定是否应予无效，关键在于判断"保证人请求债权人先就债务人提供的物保受偿"是否是"保证人的主要权利"。对此，存在争议：

（1）肯定说

第一，观点。混合担保的保证人有权请求债权人先就债务人提供的物保受偿，此为"一般情况"，故为保证人的主要权利。

第二，结论。农商行通过格式条款排除花小容的上述权利，且未予提示，依据格式条款效力规则，该约定无效。

（2）否定说（推荐）

第一，观点。混合担保的保证人可与债权人另行约定，不要求债权人先就债务人提供的物保受偿；也可以不与债权人另行约定，要求债权人先就债务人提供的物保受偿。这两种均为"一般情况"，因此并不存在"混合担保的保证人请求债权人先就债务人提供的物保受偿"这一权利。

第二，结论。既然无此权利，农商行通过格式条款排除花小容的上述主张，且未予提示，不构成"限制或排除对方主要权利"，故格式条款效力规则无从适用，该约定有效。

[作答]

观点存在争议。

第一种观点，可以。因为混合担保的保证人请求债权人先就债务人提供的物保受偿为保证人的主要权利，所以农商行通过格式条款排除花小容的主要权利，且未尽提示义务，该格式条款无效。

第二种观点，不可以。因为混合担保的保证人请求债权人先就债务人提供的物保受偿并非保证人的主要权利，所以农商行通过格式条款与花小容达成的约定不构成通过格式条款排除花小容的主要权利，该格式条款有效。

7. 花小容能否以保证期间届满为由主张保证责任消灭？为什么？

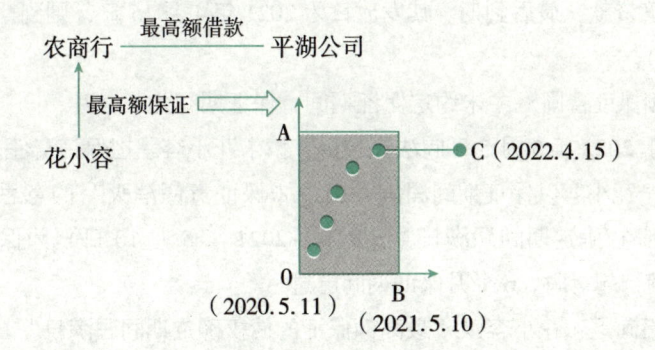

[案情与问题指向分析]

对应案情：从标记⑥到标记⑦。

1. 农商行与平湖公司订立《最高额借款合同》，约定农商行于 2020 年 5 月 11 日至 2021 年 5 月 10 日向平湖公司连续贷款，期限均为 1 年，最高金额不超过 800 万元。

2. 花小容与农商行订立《最高额保证合同》，约定"为《最高额借款合同》项下的各笔债权提供连带责任保证"，意思是说：

（1）该最高额保证的最高保证额（A 点）为 800 万元；

（2）该最高额保证的债权确定期间届满日（B 点）为 2021 年 5 月 10 日。

3. 自 2020 年 5 月 11 日至 2021 年 5 月 10 日，农商行连续向平湖公司贷款 5 笔，每笔贷款均自发放之日起 1 年到期。

4. 最后一笔贷款，最后到期。其发放日为 2021 年 4 月 15 日，则到期日为 2022 年 4 月 15 日（C 点）。

5. 《最高额保证合同》中未约定保证期间，保证期间为 6 个月。

6. 农商行于 2022 年 5 月 5 日向法院起诉，请求花小容承担保证责任。

7. 问题中"花小容以保证期间届满为由主张保证责任消灭"的意思是，花小容以"最高额保证的债权确定期间届满日"（B 点：2021 年 5 月 10 日）为保证期间的起算点，那么至农商行起诉时，6 个月保证期间已过。

8. 问题的指向是：花小容以"最高额保证的债权确定期间届满日"（B 点：2021 年 5 月 11 日）为保证期间的起算点，是否正确？

[考点]

最高额保证的保证期间的起算点：债权确定期间届满日与最后到期债权到期日，从其后者。

[判断]

1. "债权确定期间届满日"（B 点）为 2021 年 5 月 10 日，"最后到期债权到期日"（C 点）为 2022 年 4 月 15 日。

2. 保证期间的起算点从其后者，故以 C 点起算，即应为 2022 年 4 月 15 日起 6 个月。

结论：农商行于 2022 年 5 月 5 日起诉行使保证权，保证期间并未届满。

[作答]

否。因为本案中的债权确定期间届满日为 2021 年 5 月 10 日，最后到期债权到期日为 2022 年 4 月 15 日，保证期间的起算点应从其后者，即应自 2022 年 4 月 15 日起计算。又因为《最高额保证合同》未约定保证期间的长度，其长度为 6 个月，所以农商行于 2022 年 5 月 5 日起诉行使保证权，保证期间并未届满。

案例六 《最高额担保合同》案

案情：

宋大江是西山公司股东，拥有西山公司10%的股权。2020年1月15日，宋大江与东湖公司订立《股权转让协议》，约定宋大江将所持有的西山公司10%的股权以1000万元的价格转让给东湖公司，宋大江应于2020年1月20日前向东湖公司过户股权，东湖公司应当于2020年2月起10个月内分期支付价款，每月支付100万元。同日，梧桐公司根据股东会的决议，与宋大江订立《最高额担保合同》，约定梧桐公司以房屋A向宋大江设定抵押，担保自2020年1月15日至2021年1月15日宋大江对东湖公司所有的债权，包括但不限于西山公司的股权受让金债权，房屋A处置后的价值不足以偿还全部债务时，梧桐公司用其他财产偿还剩余债务。《最高额担保合同》订立后，同日办理了房屋A的抵押登记。①②2020年1月20日，梧桐公司为担保其从建设银行的贷款，又将房屋A抵押给建设银行，并办理了抵押登记。2020年1月25日，梧桐公司根据股东会的决议，又与宋大江订立《最高额担保补充协议》，约定将宋大江已于2020年1月5日到期的对东湖公司的借款债权100万元，纳入《最高额担保合同》的担保范围。合同订立后，未办理抵押变更登记。③④

宋大江与东湖公司的《股权转让协议》订立后，宋大江于2020年1月20日向东湖公司过户了股权，但东湖公司自2020年2月起连续3个月未支付股权受让金，宋大江多次催要无果。2020年5月5日，宋大江诉至法院，以东湖公司不支付受让金为由请求解除《股权转让协议》，并请求退还过户的股权。在案件审理中，法院对"股权分期付款转让是否属于分期付款买卖、是否应当适用分期付款买卖中买受人的解除权"问题存在分歧，对于是否应当支持宋大江的诉讼请求，犹豫不决。⑤

因宋大江与东湖公司达成《房屋买卖合同》，宋大江撤回起诉。《房屋买卖合同》约定，东湖公司将其房屋B以1200万元的价格出卖给宋大江，于2020年5月20日过户登记，宋大江以1000万元股权受让金债权支付购房款，剩余200万元价款在房屋B过户登记完成后1周内支付。⑥及至2020年5月20日，因东湖公司未如约向宋大江办理房屋B的过户登记手续，宋大江再次将东湖公司诉诸法院，请求履行其房屋B的过户登记义务。东湖公司则以《房屋买卖合同》的性质为后让与担保为由，提出抗辩。⑦

问题：

1. 梧桐公司基于《最高额担保合同》向宋大江所提供的担保，属于何种性质的担保？为什么？

```
                    股权转让
         宋大江 ─────────── 东湖公司
            │    ①房屋A抵押，登记
  最高额保证 │    ②房屋A不足的，以财产继续担保
            │
         梧桐公司
```

✎ _____

_____

_____

_____

_____

_____

_____

_____

_____

_____

[案情与问题指向分析]

对应案情：从案情开头到标记①。

1. 梧桐公司与宋大江订立的《最高额担保合同》约定：

（1）梧桐公司以房屋 A 向宋大江设定抵押；

（2）房屋 A 处置后的价值不足以偿还全部债务时，梧桐公司用其他财产偿还剩余债务。

2.《最高额担保合同》订立后，办理了房屋 A 抵押登记，宋大江取得了房屋 A 上的抵押权。

3. 问题的指向是：《最高额担保合同》中，"房屋 A 处置后的价值不足以偿还全部债务时，梧桐公司用其他财产偿还剩余债务"的约定是一种什么性质的担保？

[考点]

1. 保证允诺

（1）第三人作出保证允诺的，为保证人；

（2）保证允诺的作出方式包括表明保证责任，即第三人向债权人表明，债务人到期不履行债务，自己履行该债务。

2. 保证合同没有约定保证人承担保证责任的方式的，为一般保证。

[判断]

1.《最高额担保合同》中"房屋 A 在处置后的价值不足以偿还全部债务时，梧桐公司用其他财产偿还剩余债务"之约定，构成梧桐公司的保证允诺。

2. 保证允诺中没有约定梧桐公司保证责任的承担方式，故为一般保证。

结论：梧桐公司既向宋大江提供了抵押担保，也向宋大江提供了一般保证。

[作答]

抵押与一般保证。首先，因为《最高额担保合同》明确约定梧桐公司以房屋 A 向宋大江设定抵押，并办理了房屋 A 的抵押登记，所以梧桐公司向宋大江提供了抵押担保。其次，因为《最高额担保合同》中关于"房屋 A 处置后的价值不足以偿还全部债务时，梧桐公司用其他财产偿还剩余债务"的约定构成保证允诺，且未约定保证责任的承担方式，所以梧桐公司也向宋大江提供了一般保证。

2. 东湖公司到期不向宋大江履行债务，宋大江能否直接请求梧桐公司承担保证责任？为什么？

```
                    股权转让
        宋大江 ──────────── 东湖公司
            ↑   ↑
①房屋A抵押，登记 ②房屋A不足的，一般保证
            │
          梧桐公司
```

[案情与问题指向分析]

对应案情：从案情开头到标记②，与第1问相同，故属于就同一案情的第二次设问。

1. 梧桐公司既向宋大江提供了房屋A上的抵押权，也向宋大江提供了一般保证。
2. 梧桐公司是债务人东湖公司以外的第三人。
3. 问题的指向是：如果东湖公司未如约履行对宋大江的债务：
（1）梧桐公司能否请求宋大江先找东湖公司？
（2）梧桐公司能否请求宋大江先就房屋A变价受偿？

[考点]

1. 一般保证与先诉抗辩权
（1）保证合同未约定保证责任承担方式的，为一般保证；
（2）在一般保证中，保证人享有先诉抗辩权，即债权人未对债务人穷尽一切法律手段时，一般保证人可以拒绝承担保证责任。

2. 共同担保人的担保责任

共同担保中，担保人与债权人约定承担担保责任的份额和顺序的，从其约定。

[判断]

1. 梧桐公司所提供的保证为一般保证，故宋大江直接请求梧桐公司承担保证责任的，梧桐公司可基于先诉抗辩权，要求宋大江先对东湖公司采取法律措施。

2. 《最高额担保合同》中"房屋A处置后的价值不足以偿还全部债务时，梧桐公司用其他财产偿还剩余债务"的约定，蕴含着"应先就梧桐公司提供的房屋A行使抵押权"的意思表示，故梧桐公司可基于此项约定要求宋大江先就房屋A行使抵押权。

[作答]

否。首先，因为梧桐公司所提供的保证为一般保证，所以梧桐公司享有先诉抗辩权。其次，因为《最高额担保合同》约定，对房屋A处置后的不足部分，梧桐公司才承担担保责任，因此梧桐公司也有权要求宋大江先行使房屋 A 上的抵押权。

3. 2020 年 1 月 25 日的《最高额担保补充协议》订立后，未办理变更登记手续，宋大江对东湖公司的 100 万元借款债权，梧桐公司是否应当承担担保责任？为什么？

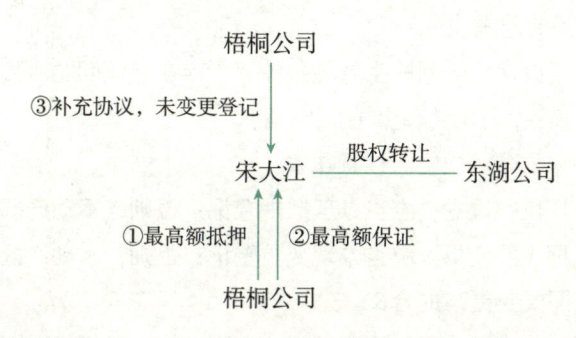

```
                       梧桐公司
                          │
         ③补充协议，未变更登记
                          ↓
                       宋大江 ——股权转让—— 东湖公司
                      ↑       ↑
              ①最高额抵押  ②最高额保证
                       梧桐公司
```

[案情与问题指向分析]

对应案情：从标记②到标记③。

1. 梧桐公司向宋大江提供了两个担保：一是最高额抵押担保，二是最高额保证担保。
2. 梧桐公司与宋大江订立的《最高额担保补充协议》约定，将《最高额担保合同》订立之前宋大江对东湖公司的 100 万元借款债权纳入担保范围，但并未办理变更登记手续。

3. 问题的指向是：

（1）宋大江对东湖公司的 100 万元借款债权，是否受最高额抵押的担保？

（2）宋大江对东湖公司的 100 万元借款债权，是否受最高额保证的担保？

[考点]

1. 经最高额担保合同的当事人双方书面约定，可以将最高额担保设立前已经发生的债权纳入最高额担保的范围。

2. 保证的成立仅以保证合同的生效为条件，不存在登记问题。故保证的变更仅以当事人变更的约定为条件，不存在变更登记问题。

3. 不动产抵押采取公示成立。这意味着：

（1）不动产抵押权的设立，应当办理抵押登记；否则，不动产抵押权不能设立。

（2）不动产抵押权的变更，应当办理变更登记；否则，不动产抵押权不能变更。

4. "最高额抵押权变更"的含义

（1）最高担保额的变更或债权确定期间的变更，构成最高额抵押权的变更；

（2）最高额抵押所担保的系列债权范围的变化，不构成最高额抵押权的变更。

[判断]

1. 最高额抵押与最高额保证的当事人，均为梧桐公司与宋大江。

2. 梧桐公司与宋大江订立的《最高额担保补充协议》约定，将此前到期的 100 万元债权纳入担保，意味着最高额保证合同的双方当事人同意将此笔债务纳入最高额保证的担保。

3. 梧桐公司与宋大江订立的《最高额担保补充协议》约定，将此前到期的 100 万元债权纳入担保，也意味着最高额抵押合同的双方当事人同意将此笔债务纳入最高额抵押的担保。

4.《最高额担保补充协议》的约定既未改变最高担保额，也未改变债权确定期间，不构成最高额抵押的变更，故无需办理变更登记。

[作答]

是。因为梧桐公司向宋大江既设立最高额抵押，又设立最高额保证。梧桐公司与宋大江在《最高额担保补充协议》中约定，将此前的 100 万元债权纳入担保，意味着既将该笔债权纳入最高额保证的担保范围，又将该笔债权纳入最高额抵押的担保范围。将该笔债权纳入最高额抵押的担保并未变更最高额抵押的最高担保额和债权确定期间，所以不构成最高额抵押的变更，无需办理变更登记。所以梧桐公司对该笔债权既要承担保证责任，也要承担抵押责任。

4. 建设银行能否主张在房屋 A 的价值上，宋大江对东湖公司的 100 万元借款债权的受偿位于自己抵押权顺位之后？为什么？

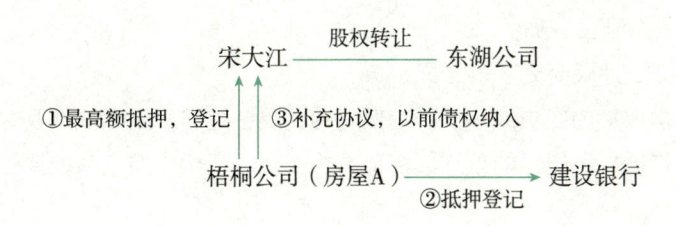

```
                        股权转让
                 宋大江 ────────── 东湖公司
                   ↑
    ①最高额抵押，登记  ③补充协议，以前债权纳入
                   │
              梧桐公司（房屋A）──────→ 建设银行
                           ②抵押登记
```

[案情与问题指向分析]

对应案情：从标记②到标记④，与第 3 问相同，故属于就同一案情的第二次设问。

1. 梧桐公司将房屋 A 抵押给建设银行并办理抵押登记时，已经为宋大江办理了最高额抵押登记。

2. 梧桐公司将房屋 A 抵押给建设银行并办理抵押登记时，已经为宋大江办理的最高额抵押登记并不担保宋大江此前到期的 100 万元的债权。

3. 梧桐公司将房屋 A 抵押给建设银行并办理抵押登记后，才与宋大江订立《最高额担保补充协议》，约定将此前债权纳入最高额抵押的担保范围。

4. 问题的指向是：在建设银行的房屋 A 抵押权登记后，纳入宋大江最高额抵押权担保范围的此前债权，在房屋 A 的价值上，能否优先于建设银行受偿？

[考点]

1. 一物多押时，部分抵押权变更的：

（1）未经其他抵押权人同意，不得损害其他抵押权人的利益；

（2）不得损害其他抵押权人的利益，在处理上，体现为部分抵押权变更的内容置于其他抵押权人受偿顺位之后。

2."最高额抵押权变更"的含义

（1）最高担保额的变更或债权确定期间的变更，构成最高额抵押权的变更；

（2）最高额抵押所担保的系列债权范围的变化，不构成最高额抵押权的变更。

[判断]

1.《最高额担保补充协议》关于此前100万元借款纳入担保的约定，既未改变最高担保额，也未改变债权确定期间，不构成最高额抵押的变更。

2. 建设银行的抵押权登记时，宋大江的最高额抵押权已经登记，建设银行知道宋大江最高额抵押权的存在，也知道该最高额抵押的最高担保额和债权确定期间。因此，建设银行的利益是在宋大江的最高额抵押所担保的全部债权受偿后，再行受偿。由此可见，《最高额担保补充协议》关于此前100万元借款纳入担保的约定，并未损害建设银行的利益。

结论：本案不适用"一物多押时，部分抵押权变更，未经其他抵押权人同意，不得损害其他抵押权人的利益"之规则，在房屋A的价值上，宋大江可优先于建设银行受偿100万元的借款债权。

[作答]

否。因为《最高额担保补充协议》关于此前100万元借款纳入担保的约定既未改变最高担保额，也未改变债权确定期间，不构成最高额抵押的变更，不适用未经建设银行同意，不得损害其利益的规定，所以建设银行不得主张优先于该100万元债权受偿。

5. 法院是否应当支持宋大江解除《股权转让协议》的诉讼请求？为什么？

```
              股权转让
宋大江 ——————————— 东湖公司
主张解除合同         ①分期付款
                    ②违约30%，催告无果
```

[案情与问题指向分析]

对应案情：从标记④到标记⑤。

1. 案情中，法院对"股权分期付款转让是否属于分期付款买卖、是否应当适用分期付款买卖中买受人的解除权"问题存在分歧。意思是说：《民法典》第634条第1款"分期付款的买受人未支付到期价款的数额达到全部价款的1/5，经催告后在合理期限内仍未支付到期价款的，出卖人可以请求买受人支付全部价款或者解除合同"之规定，可否作为宋大江主张解除与东湖公司《股权转让协议》之依据，存在分歧。

2. 理论中，"股权分期付款转让合同"是否属于《民法典》所规定的分期付款买卖合同，也存在争议。

3. 问题的指向是：宋大江基于东湖公司"违约30%，且催告无果"的事实，有无其他的解除合同的依据？

[考点]

当事人一方迟延履行主要债务，经催告后在合理期限内仍未履行的，当事人有权解除合同。(《民法典》第563条第1款第3项)

[判断]

1.《民法典》第563条第1款第3项"当事人一方迟延履行主要债务，经催告后在合理期限内仍未履行的，当事人有权解除合同"之规定，为"一般法定解除权"之规定。

2. 该项规定，适用于一切合同。

3. 在《股权转让协议》中，东湖公司支付受让金的债务为主要债务，已经迟延履行，且经宋大江催告，东湖公司在3个月时间内仍未履行，故构成"债务人迟延履行主要债务，经催告后在合理期限内仍未履行"。

结论：尽管对宋大江可否基于《民法典》第634条第1款之规定享有解除权存在争议，但宋大江依然可基于《民法典》第563条第1款第3项之规定享有解除权。

[作答]

是。因为东湖公司迟延支付受让金构成迟延履行主要债务,且经宋大江催告后在合理期限内仍未履行,所以宋大江可基于一般法定解除权主张解除合同。

6.《房屋买卖合同》订立后,梧桐公司是否仍承担宋大江股权受让金债权的担保责任?为什么?

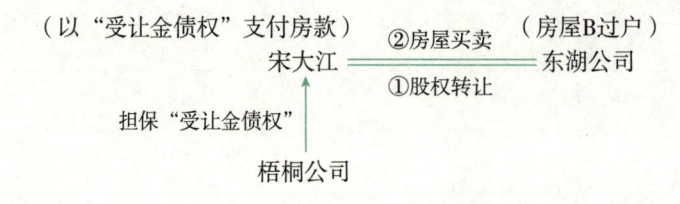

```
              （以"受让金债权"支付房款）    （房屋B过户）
                 宋大江 ══════②房屋买卖══════ 东湖公司
                    ↑         ①股权转让
            担保"受让金债权"
                    │
                 梧桐公司
```

[案情与问题指向分析]

对应案情:从标记⑤到标记⑥。

1. 梧桐公司为宋大江提供担保,担保宋大江对东湖公司的"股权受让金"债权。

2. 东湖公司与宋大江订立《房屋买卖合同》,约定宋大江"以受让金债权支付购房款",意思是说,权当东湖公司向宋大江支付了全部受让金 1000 万元,而宋大江又将这 1000 万元交付给东湖公司以支付购房款。

3. 问题的指向是:东湖公司与宋大江订立《房屋买卖合同》后,梧桐公司所担保的宋大江的"股权受让金"债权,是否消灭?

[考点]

1. 担保的从属性

主债权消灭，担保消灭。

2. 约定抵销

当事人在两个法律关系中互负债务，约定抵销的，自抵销约定生效时，互负的债务在抵销范围内归于消灭。

[判断]

1. 宋大江与东湖公司之间存在两个法律关系：一是股权转让关系，二是房屋买卖关系。双方在这两个法律关系中，互享债权、互负债务。

```
          （购房款债务）  ②房屋买卖
              宋大江 ———————————— 东湖公司
                         ①股权转让  （受让金债务）
```

2. 在此基础上，宋大江与东湖公司在《房屋买卖合同》中"以受让金债权支付购房款"的约定，性质是对"受让金债务"与"购房款债务"相互抵销的约定。

3. 约定抵销协议生效，发生抵销后果，即东湖公司 1000 万元的"受让金债务"与宋大江 1000 万元的"购房款债务"同时消灭。

结论：因梧桐公司所担保的宋大江"受让金债权"因抵销而消灭，其担保责任随之消灭。

[作答]

否。因为《房屋买卖合同》中"以受让金债权支付购房款"的约定的性质是对"受让金债务"与"购房款债务"相互抵销的约定，所以该约定生效时，宋大江与东湖公司互负的债务归于消灭。又因为担保具有从属性，梧桐公司所担保的宋大江"受让金债权"因抵销而消灭，所以其担保责任也随之消灭。

7. 东湖公司的抗辩理由能否成立？为什么？

```
        （要房债权）   ②房屋买卖   （给房债务）
            宋大江 ———————————— 东湖公司
        （受让金债权）  ①股权转让   （受让金债务）
```

_____

_____

_____

_____

_____

_____

[案情与问题指向分析]

对应案情：从标记⑥到标记⑦。

1. "东湖公司则以《房屋买卖合同》的性质为后让与担保为由，提出抗辩"的意思为：

（1）东湖公司认为，《房屋买卖合同》的订立目的在于担保《股权转让协议》中东湖公司股权受让金债务的履行，房屋B是让与担保物；

（2）因房屋B并未向宋大江过户登记，所以东湖公司认为该让与担保为后让与担保；

（3）让与担保的规则是，债务人不履行债务的，让与担保权人不能请求交房过户，而只能就房屋B变价受偿。

2. 问题的指向是：《房屋买卖合同》是不是后让与担保？

[考点]

1. 让与担保的构成：买卖合同+回转条款=让与担保。

2. 后让与担保的逻辑：钱还上，东西不要了。

[判断]

1. 从让与担保的构成来看，让与担保合同中应当存在"回转条款"。如果《房屋买卖合同》是让与担保，那么该合同中应当有"回转条款"，即关于"若受让金支付，则买卖作废"的约定。然而，《房屋买卖合同》并没有"回转条款"。

2. 从后让与担保"钱还上，东西不要了"的逻辑来看，后让与担保成立后依然存在"还钱"义务，这是后让与担保所担保的主债关系。如果《房屋买卖合同》是后让与担保，那么该合同订立后，东湖公司依然应当负有"支付受让金"的债务。然而，《房屋买卖合同》中"以受让金债权支付购房款"的约定的性质是宋大江与东湖公司关于"购房款义务"与"受让金义务"相互抵销的约定，导致了东湖公司"受让金债务"归于消灭。

结论：《房屋买卖合同》不存在所担保的主债权，故不是后让与担保。

[作答]

否。因为《房屋买卖合同》中"以受让金债权支付购房款"的约定的性质是宋大江的"购房款债务"与东湖公司"受让金债务"进行抵销的约定，该约定一经生效，东湖公司的"受让金债务"即归于消灭，不存在以《房屋买卖合同》担保"受让金债务"之履行的问题，所以《房屋买卖合同》并非后让与担保，东湖公司应承担过户登记的义务。

声　　明　　1. 版权所有，侵权必究。
　　　　　　 2. 如有缺页、倒装问题，由出版社负责退换。

图书在版编目（CIP）数据

2023年国家法律职业资格考试主观题沙盘推演.民法/张翔编著.—北京：中国政法大学出版社，2023.6
ISBN 978-7-5764-0956-7

Ⅰ.①2… Ⅱ.①张… Ⅲ.①民法－中国－资格考试－自学参考资料 Ⅳ.①D92

中国国家版本馆CIP数据核字(2023)第108075号

出 版 者	中国政法大学出版社
地　　址	北京市海淀区西土城路25号
邮寄地址	北京100088 信箱8034分箱　邮编100088
网　　址	http://www.cuplpress.com（网络实名：中国政法大学出版社）
电　　话	010-58908285(总编室) 58908433（编辑部） 58908334(邮购部)
承　　印	三河市华润印刷有限公司
开　　本	787mm×1092mm　1/16
印　　张	11.5
字　　数	280千字
版　　次	2023年6月第1版
印　　次	2023年6月第1次印刷
定　　价	67.00元

厚大法考(北京)2023年二战主观题教学计划

班次名称	授课时间	标准学费(元)	授课方式	阶段优惠(元)		配套资料
				7.10前	8.10前	
主观旗舰A班	6.6~10.10	56800	网授+面授	2022年主观题分数≥90分的学员,2023年未通过,全额退费;≤89分的学员,2023年未通过,退46800元。		本班配套图书及内部讲义
主观旗舰B班	6.6~10.10	36800	网授+面授	已开课		
主观集训A班	7.15~10.10	46800	面授	2022年主观题分数≥90分的学员,2023年未通过,全额退费;≤89分的学员,2023年未通过,退36800元。		
主观集训B班	7.15~10.10	26800	面授	18800	19800	
主观特训A班	8.15~10.10	36800	面授	2022年主观题分数≥90分的学员,2023年未通过,全额退费;≤89分的学员,2023年未通过,退26800元。		
主观特训B班	8.15~10.10	19800	面授	14800	15800	

其他优惠:
1. 3人(含)以上团报,每人优惠300元;5人(含)以上团报,每人优惠500元。
2. 厚大老学员在阶段优惠基础上再优惠500元,不再适用团报政策。
3. 协议班次无优惠,不适用以上政策。

【总部及北京分校】北京市海淀区花园东路15号旷怡大厦10层　　电话咨询:4009-900-600-转1-再转1

二战主观面授咨询

厚大法考（上海）2023年主观题面授教学计划

班次名称		授课时间	标准学费（元）	阶段优惠(元)		备注
				7.10前	8.10前	
至尊系列	九五至尊班	5.22~10.12	199000（专属自习室）	①协议班次无优惠，订立合同；②2023年主观题考试过关，奖励30000元；③2023年主观题考试未过关，全额退还学费，再返30000元；④资深专业讲师博导式一对一辅导。		本班配套图书及内部资料
			99000（专属自习室）	①协议班次无优惠，订立合同；②2023年主观题考试未过关，全额退还学费；③资深专业讲师博导式一对一辅导。		
	主观尊享班		45800（专属自习室）	已开课		
	主观至尊班	6.25~10.12	39800（专属自习室）	40000	已开课	
大成系列	主观长训班	6.25~10.12	32800	28800	已开课	
	主观集训VIP班	7.20~10.12	25800	①专属辅导，一对一批阅；②赠送专属自习室。		
	主观集训班A模式			21800	23800	
	主观集训班B模式			①协议班次无优惠，订立合同；②2023年主观题考试未过关，退15800元。		
	主观特训班	8.20~10.12	22800	18800	19800	
	主观高效提分VIP班	9.3~10.12	18800	①专属辅导，一对一批阅；②赠送专属自习室。		
	主观高效提分班A模式			16800	17800	
	主观高效提分班B模式			①协议班次无优惠，订立合同；②2023年主观题考试未过关，退10000元。		
冲刺系列	主观短训班	9.20~10.12	13800	9800	10800	
	主观短训VIP班			①专属辅导，一对一批阅；②赠送专属自习室。		
	主观决胜班	9.25~10.12	12800	7800	8800	
	主观决胜VIP班			①专属辅导，一对一批阅；②赠送专属自习室。		
	主观点睛冲刺班	10.5~10.12	6800	4580	4980	

其他优惠：

1. 多人报名可在优惠价格基础上再享团报优惠：3人（含）以上报名，每人优惠200元；5人（含）以上报名，每人优惠300元；8人（含）以上报名，每人优惠500元。
2. 厚大面授老学员报名再享9折优惠。

PS：课程时间将根据2023年司法部公布的考试时间作相应调整。

【松江教学基地】上海市松江大学城文汇路1128弄双创集聚区3楼301室　咨询热线：021-67663517
【市区办公室】上海市静安区汉中路158号汉中广场1204室　咨询热线：021-60730859

厚大法考APP　　厚大法考官博　　上海厚大法考官博　　上海厚大法考官微

厚大法考(成都)2023年主观题面授教学计划

班次名称		授课时间	标准学费（元）	授课方式	阶段优惠(元)			配套资料
					7.10前	8.10前	9.10前	
大成系列（全日制脱产）	主观集训A班	7.8~10.7	25800	直播+面授	16800	已开课		二战主观题资料包（考点清单、沙盘推演、万能金句电子版）+随堂内部讲义
	主观集训B班	7.8~10.7	25800	直播+面授	签订协议，无优惠。2023年主观题未通过，退20000元。专属辅导，一对一批阅。			
	主观特训A班	8.10~10.7	22800	直播+面授	13800	14800	已开课	
	主观特训B班	8.10~10.7	22800	直播+面授	签订协议，无优惠。2023年主观题未通过，退17000元。专属辅导，一对一批阅。			
冲刺系列（全日制脱产）	主观短训A班	9.18~10.7	16800	直播+面授	9080	9380	9580	沙盘推演+万能金句电子版+随堂内部讲义
	主观短训B班	9.18~10.7	16800	直播+面授	签订协议，无优惠。2023年主观题未通过，退15800元。专属辅导，一对一批阅。			
	主观衔接班	9.25~10.7	12800	直播+面授	8080	8580		随堂内部讲义
	主观密训营	10.1~10.7	11800	面授	5080	5580		
周末系列（周末在职）	主观周末全程班	4.3~10.7	20800	直播+面授	11800	12800	13800	二战主观题资料包（考点清单、沙盘推演、万能金句电子版）+随堂内部讲义
	主观周末特训班	8.5~10.7	16800	直播+面授	9080	9380	9580	

其他优惠：

1. 多人报名可在优惠价格基础上再享团报优惠：3人（含）以上报名，每人优惠200元；5人（含）以上报名，每人优惠300元；8人（含）以上报名，每人优惠400元。
2. 厚大老学员（直属面授）报名再享9折优惠，厚大老学员（非直属面授）报名优惠200元。
3. 公检法司所工作人员凭工作证报名优惠500元。

【成都分校】四川省成都市成华区锦绣大道5547号梦魔方广场1栋1318室　　咨询热线：028-83533213

厚大法考APP　　厚大法考官博　　成都厚大法考官微

厚大法考(郑州)2023年二战主观题教学计划

班次名称		授课时间	标准学费（元）	授课方式	阶段优惠(元)		配套资料
					7.10前	8.10前	
大成系列	主观集训A班	7.20~10.10	36800	网授+面授	2022年主观题分数≥90分的学员,若2023年主观题未通过,全额退费;2022年主观题分数≤89分的学员,若2023年主观题未通过,退26800元。一对一批改服务、班班督学、一对一诊断学情、针对性提升、课程全面升级。		配备本班次配套图书及随堂内部资料
	主观集训B班	7.20~10.10	29800	网授+面授	11300	已开课	
	主观特训A班	8.20~10.10	31800	网授+面授	协议保障,若2023年主观题未通过,退21800元。一对一批改服务、班班督学、一对一诊断学情、针对性提升、课程全面升级。		
	主观特训B班	8.20~10.10	25800	网授+面授	9800	10300	

其他优惠：

1. 多人报名可在优惠价格基础上再享团报优惠：3人（含）以上报名，每人优惠180元；5人（含）以上报名，每人优惠280元。
2. 厚大面授老学员在阶段优惠价格基础上再优惠500元，不再享受其他优惠，冲刺班次和协议班次除外。

【郑州分校地址】 河南省郑州市龙湖镇（南大学城）泰山路与107国道交叉口向东50米路南厚大教学

咨询电话：杨老师17303862226　　李老师19939507026　　姚老师19939507028

厚大法考(西安)2023年主观题面授教学计划

班次名称		授课时间	标准学费(元)	授课方式	阶段优惠(元)		
					6.10前	7.10前	8.10前
大成系列	主观旗舰A班	5.12~10.8	36800	网授+面授	2022年主观题分数≥90分的学员,2023年未通过,全额退费。2022年主观题分数<90分的学员,2023年未通过,退28000元。		
	主观旗舰B班	5.12~10.8	18880	网授+面授	12380	已开课	
	主观通关A班	6.18~10.8	25800	网授+面授	2023年主观题未通过,退16000元。座位优先,面批面改,带练带背。		
	主观通关B班	6.18~10.8	16800	网授+面授	11880	12380	已开课
	主观集训A班	7.10~10.8	21800	网授+面授	2023年主观题未通过,退12000元。座位优先,面批面改,带练带背。		
	主观集训B班	7.10—10.8	13880	网授+面授	10880	11380	11880
	主观特训A班	8.20~10.8	18800	网授+面授	2023年主观题未通过,退10000元。座位优先,面批面改,带练带背。		
	主观特训B班	8.20~10.8	11880	网授+面授	8880	9380	9880

其他优惠:

1. 多人报名可在优惠价格基础上再享团报优惠：3人（含）以上团报,每人优惠300元；5人（含）以上团报,每人优惠500元；8人（含）以上团报,每人优惠800元。
2. 老学员优惠500元,不再享受其他优惠。
3. 协议班次无优惠,不适用以上政策。

【西安分校地址】陕西省西安市雁塔区长安南路449号丽融大厦1802室

厚大法考APP　　厚大法考官博　　西安厚大法考微信公众号　　西安厚大法考QQ服务群　　西安厚大官博

厚大法考(广州)2023年主观题面授教学计划

班次名称		授课时间	标准学费(元)	阶段优惠(元)			配套资料
				7.10前	8.10前	9.10前	
全日制脱产系列	主观集训班	7.8~10.7	30800	18800	20800	——	二战主观题资料包（考点清单、沙盘推演、万能金句电子版）+课堂内部讲义
	主观暑期班	7.8~9.3	20800	11800	12800	——	
	主观特训班	8.10~10.7	23800	14800	15800	16800	
周末在职系列	主观周末全程班(视频+面授)	5.6~10.7	20800	已开课			
	主观周末特训班	8.5~10.7	16800	12300	12800	13800	
冲刺系列	主观短训班	9.18~10.7	19800	10300	10800		沙盘推演+万能金句电子版+课堂内部讲义
	主观衔接班	9.25~10.7	14800	8000	9000		课堂内部讲义
	主观密训营	10.1~10.7	11800	5500	6000		随堂密训资料

其他优惠：详询工作人员

【广州分校】广东省广州市海珠区新港东路1088号中洲交易中心六元素体验天地1207室
咨询热线：020-87595663　020-85588201

厚大法考APP　　厚大法考官博　　广州厚大法考官微

厚大爱题库
专于考试精于题

爱题库APP　　爱题库微博

法考刷题，就用厚大爱题库！

多：2002-2021，主观题客观题，模拟题真题，应有尽有。

细：名词解析细致，法条罗列清晰，重点明确，解析精细。

新：按照新考纲、新法条及时修改解析，越新越应试。

趣：法考征途，边做题边升级，寓学于乐，助力法考！